Cubierta y diseño editorial: Éride, Diseño Gráfico
Dirección editorial: Ángel Jiménez

Primera edición: abril, 2025

Sainetes para un mundo woke
© José María García Páez
© éride ediciones, 2025
Espronceda, 5
28003 Madrid

éride ediciones

ISBN: 979-13-87643-36-2
Depósito Legal: M-6524-2025
Diseño y preimpresión: Éride, Diseño Gráfico

Este libro protege el entorno

Sainetes
para un mundo woke

José María García Páez

Nace en Madrid, en el barrio de Chamberí en 1944. Se tituló como Maestro Nacional en 1963 y como Ingeniero Técnico en Construcciones Civiles en 1966. Licenciado en Medicina y Cirugía en 1973 y Doctorado con sobresaliente cum laude y Premio extraordinario en 1984. Especialista en Medicina Interna por el Sistema Mir, ejerció toda su carrera profesional en la Clínica Puerta de Hierro de Madrid. Ha publicado más de cien artículos científicos en revistas médicas españolas y anglosajonas. Su campo de investigación fue la epidemiologia clínica y el desarrollo de biomateriales para usos médicos. Oyente de Historia Contemporánea en la Universidad Autónoma de Madrid. Lector habitual, tras su jubilación, en la Biblioteca Nacional, ha publicado las siguientes obras: «El pequeño libro del colesterol» Ed. Martínez Roca 2002 (divulgación). «Las Cenizas de la Reina» (2012), «Los Herederos de Fernando VII» (2013), «Estania 23E, contado por los que lo perpetraron» (2014), «No se hizo la miel... La leyenda de Paracuellos» (2015), «Eugenio 1930-1939» (2016), «Los viajes de Peral. Historia de una infamia» (2017), «Batet y Campins. Dos generales y un destino» (2020), todos ellos editados por Éride Ediciones. Asimismo, en 2018 hace su primera incursión en el mundo de la poesía con «Del pasado... recuerdos», al que siguen «Del pasado... viajes y sueños» (2019) y «Árbol de raíz amarga» (2020). En 2019 presenta su primer libro de teatro con dos títulos «¡Franco!, ¿dónde estás? - «El día que Pacheco se perdió en el súper». En 2021, también con Éride Ediciones, presentó: «¿Quién mató al teniente Castillo? Una conspiración con resultados catastróficos» y «Margarita se llama... La guerra de Sidi Ifni. Una tragedia desconocida». En 2022, con Éride Ediciones, editó «Como si no hubiera pasado. Las epidemias del siglo XXI» y un libro de relatos sobre la «vida» en un comedor social titulado «Cuentos para mayores sin reparos. Crónicas de un comedor social». En 2023, ha editado «Los últimos días de Iván Baldomero», «El cuaderno de Emma» y «Soy "facha"... ¿y qué?». En 2024, en Éride Ediciones, ha presentado «Los yanquis, ¿esos bastardos? "Cuba en guerra 1895-1898. El teniente de infantería José Páez"», «Contemplando el día» y «Un día en la vida de un negacionista». En 2025, ha publicado su último título «Mis enemigos favoritos».

JOSÉ MARÍA GARCÍA PÁEZ

Sainetes
para un mundo woke

éride ediciones

A mi hija Laura

Índice

A FERMINA LA QUIEREN MATAR

Sainete en cinco cuadros

Cuadro 1º

Calle Los Pinos, cuatro de la tarde, comisaría del distrito 22. Una mujer de mediana edad y entrada en carnes, entra precipitadamente en dicha comisaría.

—¡Eh oiga! ¿Dónde va?

—¡A denunciar a mi Paco…!

—Pasillo de la izquierda, segunda puerta.

Se aturulla.

—¡Segunda puerta señora, segunda puerta…!

—¿Nombre, dos apellidos y domicilio?

—Fermina Jaramillo Ramos, calle del Tomillo nº 3, 3º izquierda.

—¿Y bien?

—Bien ninguno, ¡que mi Paco me quiere matar..!

—Su Paco, es su marido…

—Sí señor.

—¿La ha amenazado de muerte?

—No, pero me quiere matar, eso seguro...

—¿Y cómo está tan segura?

—Hoy al mediodía, mismamente, me ha dicho muy enfadado que me va dar una os... ya me entiende, porque se me han pegado las lentejas, ya ve, por una lentejas.

—¿Era la primera vez?

—No sé señor, de vez en cuando si me descuido se me pegan y no sé por qué.

—¡Las lentejas, no señora! Si la ha amenazado más veces...

—Siempre que se me pegan, el día pasado sin ir más lejos me dijo: «¡A ti te voy a pegar lo que yo sé!».

—Entonces ponemos la denuncia por violencia de género.

—¿A mi Paco?

—Claro señora, no va a ser al vecino de enfrente...

—¿Y le darán un escarmiento?

—¡Señora! Aquí no damos escarmientos, le detendremos y cuarenta y ocho horas a la sombra para que reflexione y luego el juez dirá.

—Mi Paco no es de reflexionar, se lo digo yo, que le conozco desde hace cuarenta años, muy bueno, pero de reflexionar no...

—Pero en qué quedamos, ¿es muy bueno o la quiere matar?

—Es que tiene prontos...

—Señora, esto es una comisaría, yo el inspector de guardia y no estamos para prontos, ¿denunciamos o no denunciamos?

—Denuncio y que escarmiente, ¡claro!, que escarmiente.

Fin del primer cuadro.

Cuadro 2º

Comisaría del distrito 22, media tarde.

—Señor comisario, aquí le traigo a Francisco Ramírez, el denunciado.

—Que pase y quítele las esposas, ¿o es violento?

—No señor, como un corderito, aún no sabe por qué está aquí.

Pasa al despacho, mientras el agente le quita las esposas.

—¿Francisco Ramírez?

—Servidor de usted.

—¿Es usted el marido de Fermina... (rebusca papeles y sigue) Jaramillo?

—Sí señor ¿le ha pasado algo?

—Usted sabrá, le ha denunciado.

—¡A mí! ¿por qué?

—Por violencia machista, aquí está el atestado. Usted al parecer intentó matarla.

—Eso es una barbaridad, discutimos por unas lentejas. Verá usted, Fermina es una buena mujer, pero es que siempre se le pegan las lentejas. Siempre le digo, echa más agua mujer, pero nunca me hace caso y...

—Se le pegan, ¿no es eso?

—Claro señor comisario.

—¿No será que quien pega es usted?

—¡Jamás!, ¡jamás!, nunca le he puesto la mano encima. ¡Que me muera ahora mismo si miento!

—Déjese de juramentos. ¿La ha pegado o amenazado con matarla? Sí o no, esto es una comisaría.

—¡Se lo juro por mis hijos!

—Y dale, que aquí no valen los juramentos, ¿se declara culpable o cree que la acusación es falsa?

—Falsa de toda falsedad. ¡Ay de ti Fermina, cuando te coja!

—¡Samuel, este señor al calabozo!

—Oiga que yo no hecho nada, esto es una injusticia y no va a quedar así.

—No señor, si se comprueba que usted es un violento, se pondrán las cosas peor. ¡Samuel, llévatelo de una vez!

Francisco sale esposado acompañado de un guardia camino de los sótanos de la comisaría donde están los calabozos.

Cuadro 3º

Diez de la noche, comisaría del distrito nº 22

—Señor guardia, vengo a ver a mi marido.

—¿Quién es su marido?

—Paco, quién va a ser.

—Que cómo se llama y dónde está.

—Paco Ramírez, bueno, Francisco, vinieron a recogerle a media tarde a casa y aún no ha vuelto y estoy muy preocupada.

—Espere un momento.

Entra el guardia en la comisaría y se dirige directamente al despacho del inspector de guardia.

—¿Qué quiere esa mujer Samuel? ¿Pregúntaselo?

Sale el guardia y dirigiéndose a la mujer, le dice:

—Dice el inspector de guardia que, qué es lo que quiere, su marido está detenido.

—¿Ha cenado?

—Supongo que no, esto no es un restaurante.

—Es que le traigo la cena, unas lentejas que por fin no se me han pegado. Sabe usted, le he echado un chorrito más de agua y …

—Estoy de guardia señora, no de *master chef*.

—Ya, ya, pero no puede quedarse sin cenar mi Paco, no está *acostumbrao* y podría ponerse malito. ¡Ay mi Paco! ¿Qué desgraciadita soy!

El guardia la mira sorprendido.

—Pero si su Paco la quería matar a qué viene tanto desvelo. Se rasca la cabeza . ¿Querrá que le pase las lentejas? Quizá…

—Si fuera Usted tan bueno…

El guardia coge un túper, una cuchara, una barra de pan y una servilleta.

—¿Y le podría ver un momentito?

—No hasta que comparezca ante el juez, son las normas.

—¿Anda la osa, señor guardia! ¿Y cómo quiere que sepa qué le apetece mañana de comida? Que mi Paco es muy *mirao*.

—Señora, no insista, hay normas.

—Pues vaya con las normas

Se va refunfuñando.

Fin del 3º Cuadro.

Cuadro 4º

La visita del abogado en el calabozo.

—¿Francisco Ramírez?

—Servidor.

—Soy su abogado defensor.

—¿Abogado?

—Sí señor, dentro de un rato es la vista, y yo soy su abogado de oficio.

—¿De oficio? ¿No es de carrera?

—¡De carrera hombre! Se llama así al que no tiene abogado y el juez le designa uno... de oficio.

—¡Ah!

—Le haré algunas preguntas, puede contestar sin miedo, esto queda entre usted y yo.

—De acuerdo.

—¿La pega?

—No señor, nunca.

—¿Nunca?

—Nunca.

—¿La amenaza con pegarla o algo más...?

—No le entiendo.

—Si le ha dicho alguna vez que la quiere matar.

—De novios, pero iba de broma, si salía con otros, esas cosas…

—Pues olvídelo, al juez jamás, jamás y jamás.

—¿Y con eso saldré libre?

—Libre sí, pero fuera de su casa y de la posible custodia de sus hijos hasta que el caso se sustancie.

—¿Sustancie?

—Se acabe.

—Y eso puede ir para largo…

—Va para largo.

—¿Un año?

—O quizá dos.

Paco se echa a llorar y no para.

—Tranquilo Paco, aquí tengo la solución.

El abogado, un tipo descarado con cara de haber roto más de un plato y algún que otro corazoncito, no deja de sonreír.

—Necesito esa solución, la que sea, señor abogado, yo quiero a mi Fermina y si me he pasado un poco es por cariño y porque soy así, muy bruto.

—Pues la solución pasa por no serlo en absoluto. ¿Qué tal…? Bueno, lea estos papeles y firme aquí, ya sabe lo que tiene que contestar a su señoría.

—¿Señoría?

—Al señor juez cuando le llame.

Cuadro 5º

Juzgado nº 3

Entra Paco con un guardia y se dirige al estrado.

—¡Quítenle las esposas! ¿Francisco Ramírez, verdad?

—Eso era antes señoría…

—Como que antes, ¿no es usted Francisco?

—No señor.

—¡Pues tráiganme a Francisco Ramírez, no tengo toda la mañana!

El guardia se acerca al estrado y le dice por lo bajo al juez:

—Este hombre es Francisco Ramírez, seguro, señoría.

El juez, mosca y autoritario, y dirigiéndose a Francisco le dice:

—Usted es Francisco Ramírez, así consta en estos papeles y está denunciado por Fermina Jaramillo por un caso de violencia de género. ¿Tiene usted algo que alegar?

—Sí, señoría.

—Pues alegue, que no tenemos todo el día.

—¿Puedo intervenir señor juez? Como su abogado de oficio... interviene el abogado.

—¿No tiene boca su defendido?

—No es eso, es complicado y es muy pudoroso.

—Pues al parecer se le quita ese pudor con su legítima.

—Me ha entendido mal, por favor Paca dirigiéndose a su defendido , dile a su señoría que te sientes mujer atrapado en un cuerpo de hombre.

—¡Señor abogado! ¡En mi juzgado no consiento ese tipo de bromas! ¡Será sancionado!

Sacando fuerzas de donde no las tenía y pensando en sus hijos, su familia y en su mujer, Francisco, dirigiéndose al juez, dice pausadamente:

—No es una broma señoría, estos papeles son la prueba de que soy oficialmente una mujer, no muy agraciada, eso lo debo reconocer, pero mujer al fin. Y lo mío no deja de ser una pelea banal entre mujeres y yo ya la he perdonado.

—Acérquese el letrado y traiga esos papeles.

El juez lee, relee y luego tras una pausa dice:

—¡Caso cerrado! Al no haber lesiones, multa de quinientos euros que pagará a su pareja Fermina Jaramillo en el plazo de un mes. ¡Queda libre!

Francisco sale feliz del juzgado y le dice a su abogado:

—Le voy a comprar a Fermina una olla exprés para que no se le peguen nunca más las lentejas y seremos muy felices, ya lo verá...Y si no, se va a enterar.

Fin del sainete.

LA SALAMANDRA

Cuadro 1º

Una salamandra y un perro tienen una conversación.

—Sí, soy una salamandra de piel negra y manchas amarillas, y por supuesto venenosa, no me escondo, bueno sí, solo salgo de noche, a cazar naturalmente, pero... Al lado de mi humedal hay un chalet, no muy grande, eso sí, con piscina y jardín. Tiene de todo; lombrices, insectos, invertebrados en general, no en la casa, pero pululan tranquilos en dicho jardín. No me esperan y caigo sobre ellos con mis rápidos movimientos de cabeza y mi ágil lengua los degluto con toda satisfacción, un pasatiempo nocturno muy alimenticio. Por qué les cuento todo eso, ahora lo verán, no sean impacientes, de mí no tienen nada que temer... si no me provocan. El chalet no está vacío, vive la familia de Pedrito, un chaval travieso, como tiene que ser un chaval, le acompaña habitualmente su perro, que casual o no tan casual responde por Pedro. Nosotros, los no humanos, hablamos en nuestro idioma, ininteligible para los seres de dos patas, pero fácil de comprender entre especies diferentes. Lo digo con conocimiento de causa, Pedro y yo hablamos con frecuencia. Cada noche me acerco reptando al jardín. Pedro me responde con unos ladridos, para ustedes los humanos, son eso, ladridos, pero tienen diversos significados. Si hay «moros» en la costa, el tono y el timbre varían y también según que «moros» y no es cosa de reptar en el suave césped, otro día será.

Ayer mismamente, a punto de pasar por debajo de la cerca se me acercó Pedro.

—¿A dónde vas Martina?

—Pues ya ves, a cazar y comer, como todas la noches.

—Hoy no, hoy no.

—¿Por qué?

—Difícil de explicar para una salamandra de duras entendederas como tú.

—Oye Pedro, que yo no te he *faltao*, chucho faldero.

—Si me vuelves a llamar eso te doy un mordisco que te vas a acordar.

—Menos lobos Pedro, que soy venenosa.

—Tengamos la fiesta en paz, los ánimos en casa está muy exaltados, el jardín no es seguro.

—¿Ni para una salamandra que viene a «limpiar»? ¡Explícate!

—No lo sé aún muy bien, pero es por Pedrito.

—¿Qué ha hecho?

—Él, que yo sepa nada.

—¿Entonces? «Limpio» o «no limpio».

—Hoy no limpias como tú dices, ven mañana y si sé algo más te lo contaré, tienes miles de lombrices en tu humedal. ¡Limpia por allí!

—Ya, ya, Pedro, pero esas están resabiadas.

La salamandra sale reptando, intrigada con sus ojos redondos y saltones, llenos de decepción.

Cuadro 2º

Jardín del chalet, sentados alrededor de un velador están don Jorge, padre de la criatura, Inés su mujer y madre, la tía Gertrudis e Isabel, una prima lejana de visita.

Habla don Jorge.

—¡No lo pienso consentir! ¡No pienso!

—¡Cálmate Jorge, te va a dar una apoplejía!

—No Inés, no me calmo.

Interviene Isabel.

—Pero Jorge, las leyes, aunque no te gusten se tienen que cumplir.

Jorge le lanza una mirada fulminante.

—¡Isabel, por todos los santos! No digas estupideces, Pedrito no va al colegio para que le enseñen porquerías.

—Exageras Jorge, exageras.

Interviene Gertrudis.

—No sé si exagera, pero lo que cuenta Pedrito con seis años no es normal y los niñcs a esa edad, no mienten.

—No mienten, pero a veces no interpretan bien lo que les cuentan.

—Isabel, a ti todo lo que hacen los de «tu cuerda» te parece magnífico. ¿Cuándo vas a ser mínimamente objetiva?

—Es fisiología y eso no son porquerías, Jorge.

—¿Fisiología del órgano reproductor masculino? ¡Vamos, de la colita!

—¡Fisiología!

—Claro, y que Anita su compañera de pupitre compruebe el calibre, la textura y no sé qué más. ¿Fisiología?

—¡Hombre! No, exageras.

—Ya, pues mañana voy al colegio y la pienso armar.

—No Jorge interviene Inés , cambiaremos a Pedro de colegio.

—Perderéis el tiempo, como me llamo Isabel, son las normas pedagógicas modernas. Las de este siglo.

—Sí, el siglo de las luces interviene Gertrudis . ¡Qué desgracia!

—Vamos a ver Isabel, lo mejor de la infancia es la inocencia, yo de niño creía en los Reyes Magos. Aquellas noches del 5 de enero eran mágicas, ¡irrepetibles! Robar la inocencia a unos niños es una canallada, con normas o sin ellas, y si alguien redacta una norma así es un...

—¡Calla Jorge, por Dios!

Todos se levantan y se van al interior, Jorge mira a Isabel y le dice:

—¡Isabel! Haz tu maleta y mañana temprano sales de esta casa, ¡y por supuesto no se te ocurra pisarla! Esta casa no está en tu siglo.

Pedro, sentado en su rincón no ha perdido ripio de la conversación. Cuando anochezca le contará a Martina su versión. No entiende bien tanto escándalo, los perros desde muy jóvenes olfatean los bajos de las del sexo opuesto, debe ser porque son perros, debe ser por eso. Martina, al fin de cuentas es hembra, quizá tenga mejor opinión.

Cuadro 3º

Anochecido, todos duermen, Martina se acerca despacio a la casa.

Pedro la olfatea y se acerca.

—¿Martina, tú otra vez por aquí?

—Ya ves, el hambre azuza y mi caza furtiva ha sido funesta.

—¿Por lo que has cazado...?

—No Pedro, por lo que he dejado de cazar, no sabes cómo están de avisadas.

—¿Las lombrices?

—Las lombrices y todo lo que se mueve.

—Te dejo, pero tienes que explicarme algo.

—Tú dirás Pedro, lo que tú digas.

—¿Qué es eso de la fisiología?

—Jo, Pedro y yo que sé, ¿crees que las salamandras vamos a la universidad?

—Pues mi jefe, don Jorge, dice que está llena...

—Tendrá un amplio jardín, me lo contó Ruperta, la pobre antes de morir, estaba muy viajada...

—Creo que no se refería a eso, entendí que donde estaban, era dentro.

—No lo creo Pedro, al menos de mi especie no, he oído hablar de víboras y alguna que otra culebra, pero salamandras nunca.

—Ya, pues explícame por qué a don Jorge le sulfura que en el «cole», Pedrito tenga que enseñar la colita.

—Pues me parece normal, los niños normales solo sacan la colita para mear, lo he visto cientos de veces y luego se la guardan. A los adultos no les he visto mear nunca, creo que lo hacen por pudor o algo así.

—Tienen una habitación para eso, Martina, socialmente cagar o mear en público es de muy mala educación, eso lo tenemos nosotros los «irracionales» como un privilegio.

—Y naturalmente don Jorge cree que Pedrito no tiene edad de ir enseñando la colita a nadie si no es por una necesidad.

—Yo pienso lo mismo, ya tendrá tiempo de dejar de ser un niño, cosa que me temo y no quiera jugar conmigo.

—Bueno, ¿me dejas comer o qué?

—Come, pero piensa en una explicación.

En la casa se oye una discusión a gritos.

—¡No Jorge, no puedes echar a Isabel por un desahogo!

—¿Desahogo? Aquí la única desahogada es Isabel, y ya está tardando en irse.

—¿Esta noche?

—No, mañana a primera hora, no la quiero volver a ver, que se vaya con toda su jerga modernista, en inglés creo que le dicen «woke», y como diría mi abuela, con la música a otra parte y mañana la señora directora y yo vamos a tener unas palabras, mejor dicho, tú y dicha señora, vais a tener unas palabras.

—Sí, porque a ti Jorge te temo, perderás los estribos.

—Prefiero perder los estribos y terminar en la cárcel, que Pedrito pierda su inocencia y su felicidad de niño. ¡Los mejores años de la vida, Inés! ¡Los mejores!

Fin del Cuadro 3º

Cuadro 4º

Despacho de la coordinadora de enseñanza primaria, la señora Violeta, entran Inés y Jorge (a Jorge, Inés le ha prohibido hablar).

—Pasen y si lo desean se sientan dice displicente.

—Claro señora, no venimos de rodillas precisamente...

—Ya me han informado y la respuesta es clara, son las Normas, no sé si entienden lo que son las normas.

—Basura dice Jorge por lo bajo.

—¿Decía usted?

—Se lo digo yo, de mujer a mujer, sus normas son basura, a mi hijo Pedrito si le obligan a enseñar la colita vamos a tener un disgusto, se lo advierto.

—¿Me amenaza?

—¡Tómelo como una advertencia! Una advertencia muy seria, todavía hay juzgados de guardia.

—No se agite, la ley nos respalda.

—¿La ley? ¿Qué ley?

—Otra basura insiste Jorge por lo bajo.

—¿Decía usted? dice Violeta entre roja y morada.

—Mi marido no dice nada, piensa en alto. ¿Eso también es delito?

—Depende…

—Vamos señora, ahora también pensar es un delito.

—Si lo que expresa va contra la ley, naturalmente.

—A eso le llaman ustedes libertad de expresión, claro. Pues métase esto en la cabeza, a mi Pedrito no le van ustedes a arrebatar la inocencia, no volverá al colegio hasta que me asegure que no participará en esas guarradas que ustedes, llaman talleres, deberían respetar el término. Un taller es donde miles de trabajadores se han ganado el sustento con su esfuerzo, lo que ahí organizan, tiene otro nombre. ¡Buenos días!

—Que sepan que por dejar de acudir al colegio sin causa justificada un padre puede perder la custodia de su hijo.

—¡Bruja! Ni se atreva… luego dirigiéndose a Jorge le dice : Tranquilízate, buscaremos una solución, esta bruja no se quedará con Pedrito.

Anochece en el jardín, Martina se acerca a hacer su colación nocturna. Todas las luces están apagadas.

Pedro la olfatea y se acerca.

—Hola Martina, come hasta saciarte, lo vas a poder hacer muchos días.

—Pareces muy decaído, ¿qué te pasa?

—Nos vamos.

—¿A dónde?

—Eso no lo sé, pero, ya han empezado a hacer las maletas.

—¿Y tú?

—Bien, Pedrito ha dicho que sin mí no va a ninguna parte.

—¿Y por qué tanta prisa?

—Les he oído decir que en el cole una víbora les ha amenazado con robarles a Pedrito si no dejaban que le manosearan la colita.

—¡Qué horror! ¡Te lo dije! Ruperta no exageraba, esos sitios están llenos de víboras. Te echaré de menos. Suerte Pedro.

—Suerte Martina.

Fin del sainete

¡OH ZU!

Cuadro 1º

Despacho de don Floro, dueño y director de la empresa internacional de importación y exportación Rercartona. Once de la mañana.

—Tiene visita don Floro.

Es Isidora, su secretaria particular regordeta y enamorada del jefe desde hace más o menos veinte años. Don Floro es un solterón, miembro de una comunidad que practica la abstinencia sexual, vamos, que es «virgen» y ni los encantos de Isidora, que fueron muchos en su juventud, consiguieron seducirle. Isidora no obstante persevera.

En el despacho de al lado, Martina, cuarentona, pelo rizado, negro encrespado, falda tubo ajustada, un poco impropia de su condición y tipo achaparrado, habladora y asombrada por todo lo que ve. «¡Oh Zu!» es su expresión habitual.

—Pase le dice secamente Isidora.

—¡Oh Zu! Ya era hora.

—¿Qué te trae por aquí, Martina?

—Qué va a ser tío, un trabajito…

—¿Trabajito?

—Claro tito, de poco currar y ganar pastita, que una ya no está «pa» muchos trotes.

—Vamos Martina, que tú quieres como siempre vivir sin dar ni golpe, que te conozco.

—No seas así tío, ya sabes que iba para ministra.

—¿No sería de Trabajo?

—No tío, de Hacienda, que soy muy buena administradora.

—No será de lo que no es tuyo dice don Floro por lo bajo.

—¿Decías tío?

—No nada. ¿Y por qué te quitaron el puesto?

—Pues cosas del partido, una indocumentada con mucha labia…

—Y con muchas ganas de… como tú, la conozco desgraciadamente.

—¿Qué tal relaciones públicas? Se me da muy bien.

—¿Qué se te da muy bien? ¿Embaucar al prójimo…?

—No tío, he pensado que como yo soy tu única heredera, no sería malo que me fuera haciendo con los mandos, tú eres ya mayor.

—No te doy una patada en el culo porque soy un caballero.

—Ya empezamos con la violencia de género, los hombres sois incorregibles.

Don Floro se achanta y luego tras pensárselo dos veces dice:

—Está bien, ven a la semana que viene.

Sale Martina y entra Isidora, cuando sale dice:

—¡Oh Zu! ¡Qué hombre!

—Por fin se ha ido semejante penco, don Floro.

—No le llames eso mujer, es mi única sobrina.

—Pues vaya joya. ¡Oh Zu! dice imitándola.

—Pues aunque te parezca raro en los tiempos que corren, pencos, como tú dices, pueden ser necesarios en estas empresas…

—No le entiendo… don Floro.

—Sí mujer, tú no estás al día, esta gente que se mueve en las esferas más altas tienen muchas influencias y naturalmente mucho poder.

—Pero don Floro, si están a un paso del analfabetismo.

—Por eso tienen más peligro, porque pueden destrozar si se empeñan cualquier proyecto viable, y el nuestro aún lo es. ¡Muy viable Isidora!

Fin del primer cuadro.

Cuadro 2º

Martina obtiene un empleo.

Una semana después.

—Ya estoy aquí otra vez. ¿Está mi tío?

—Sí está, pero no si podrá recibirla...

—Podrá, ya lo verá.

Isidora sigue en sus cosas. Martina se impacienta.

—Esta oficina huele a poco profesional.

—Sí señora, a Chanel del número cinco, no faltaría más.

Martina no capta la ironía.

—Pues yo diría que es Agua de Rosas Azur o algo así.

—Algo así señora, algo así, puede pasar.

Entra en el despacho.

—Hola tío, te veo mayor.

—Muchas gracias, para venir a pedir empiezas bien.

—Es que hay confianza.

—Y descaro dice por lo bajo.

—¿Decías?

—Nada hija, he pensado que podrías acompañar a los clientes de fuera de Madrid, que vienen a hacernos los pedidos de forma personal para comprobar de primera mano la mercancía, y hacerles la estancia más agradable. Enseñarles la ciudad, llevarles a comer o cenar, sin comprometerte claro, somos gente decente…

—Buena idea, no te preocupes, yo a los hombres…

—¿A los hombres, qué, Martina?

—Pues eso, que los manejo, que sé de qué pie cojeáis.

—No te entiendo, yo no cojeo de ningún pie.

—Todos, querido tío dice con suficiencia.

—Pues te puedes llevar un chasco, muchos de nuestros clientes, quizá los más importantes, tienen representantes femeninos.

—Da igual, tío, yo soy multiusos.

—No te entiendo.

—Información vaginal, éxito asegurado.

—Me das miedo Martina, ya sabes que esta empresa y yo, somos gente honesta.

—Qué antiguo eres, esa especie está en este país en extinción. ¡Hay que estar al día! Yo te pongo la empresa al día, ya lo verás.

—Está bien, confiaré, empiezas el lunes y por lo que más quieras, con prudencia, ¡Martina, mucha prudencia!

Sale Martina y mirando con suficiencia a Isidora le dice:

—En el bote como todos. ¡Chanel, número cinco…! Muy graciosa.

Isidora la mira como queriéndola matar, veinte años tras su jefe y esta «víbora» en un par de tardes…

Fin del segundo cuadro.

Cuadro 3º

Martina acompaña a un cliente. La escena es a la salida de un restaurante de postín tras la cena.

—Creo que tras esta estupenda cena, deberá, de mi parte, darles las gracias a don Floro.

—No sea injusto don Sebastián, ¿le puedo llamar Sebas? Es más corto.

Don Sebastián pone cara de sorpresa y tartamudeando responde:

—Poder, puede, pero se me hace raro, jamás me han llamado así, ni en el colegio.

—Siempre tiene que haber una primera vez… Sebas.

Don Sebastián, cada vez más aturdido dice:

—Quizá fuera el momento de retirarme a mi hotel.

—Pero hombre, si la noche es joven.

—La noche quizá, pero yo no tanto.

—Vamos Sebas, no te irás a rajar ahora que empezábamos a pasarlo bien.

—Señorita Martina, no sé dónde quiere ir a parar, yo debo retirarme.

—¡Tan temprano! Pero hombre si no tenemos mejor cosa que hacer que...

—¿Hacer qué?

—Tomar unas copas, no se me asuste, que yo siempre soy una chica decente... casi siempre.

—¿Copas, dónde?

—Pues dónde va a ser, en un sitio discreto, aunque sea esto una ciudad siempre hay cotillas.

—Señorita Martina, bueno Martina, yo no conozco en esta urbe esos sitios que usted dice.

—Más a mi favor Sebas, confíe en mí. ¡Taxi!

—No Martina, soy un hombre casado y...

—Y yo una chica soltera, qué pasa, ¿que los casados no se divierten?

—Claro, pero de otra manera.

—Aburrida, naturalmente.

—¡No saque conclusiones equivocadas!

Lo dice en un tono mosca muy diferente, a don Sebastián se le está acabando la paciencia.

—Con unas copichuelas, las cosas, Sebas, las verás de otra forma.

—Dobles quizá, pero no me interesa ver las cosas de forma diferente.

—¡Qué gracioso eres Sebas, qué gracioso, con que dobles...!

—Señorita Martina esta situación no tiene ninguna gracia, coja su taxi y vaya donde le plazca, yo me vuelvo a mi hotel y mañana hablaré seriamente con don Floro.

—Para mi tío, soy su sobrina preferida, ¿qué le va a decir a mi tío?

—Pues que usted me ha estado comprometiendo.

—¿Comprometiendo?

—Sí, exacto, eso es lo que hace.

—Usted, Sebas, es un antiguo. ¿Una noche loca desde cuando es un compromiso? ¿Desde cuándo?

—No sé desde cuándo, pero usted y yo no tenemos ningún vínculo, ni sentimental, ni legal, por lo tanto...

—Por lo tanto no podemos tener una noche loca. ¿Usted es un antiguo y puede meterse sus compras donde…?

—Por supuesto, pero informaré a don Floro. ¡Taxi!

Fin del tercer cuadro

Cuadro 4º

Despacho de don Floro, nueve de la mañana.

—Da su permiso...

—Pasa Isidora, ¿qué tenemos?

—Mucho y poco bueno.

—Tú dirás, me preocupas.

—Es para preocuparse, tengo aquí a don Sebastián, desde las ocho, le he mandado a tomar un café mientras usted venía, está hecho una furia.

—¿Pero por qué? Siempre le hemos servido puntualmente y además le dije a Martina que se lo llevara a cenar.

—Pues no era solo cenar lo que al parecer quería Martina, parece que se encaprichó del caballero y como a ella no hay hombre que se le resista...

—¿Y don Sebastián resistió?

—Con dificultades, al parecer pero eso debió pasar.

—Hazle pasar en cuanto vuelva, veremos cómo arreglamos este entuerto.

Sale Isidora y en ese momento vuelve don Sebastián.

—Pase don Sebastián don Floro le está esperando.

Entra en el despacho.

—¡Siéntese, por favor! ¡No sabe cómo lo siento!

—Más lo siento yo, tenía en ustedes depositada toda mi confianza y…

—Isidora me ha contado algo, de verdad que nunca volverá a ocurrir, se lo prometo.

—Pondrá en la calle a esa… furcia, perdone la expresión.

—No puedo don Sebastián, es mi sobrina.

—Pues va a dañar a su empresa con sus métodos.

—De verdad, crea que lo siento. ¡No nos anulará el pedido!

—Lo siento de verdad, pero el pedido ya está anulado desde anoche, he venido porque creía que le debía una explicación y las cosas don Floro han quedado claras. Buenos días.

—Don Sebastián reconsidere, reconsidere por favor…

—Adiós don Floro, que tenga un buen día.

Don Floro queda apesadumbrado en su sillón y de pronto da un respingo y grita:

—¡Isidora!

—Qué desea don Floro, le veo muy decaído.

—Y cómo cree que puedo estar, Renovables Hispánicas, me ha anulado el pedido.

—¿Don Sebastián?

—Claro, está indignado con el trato que le dio Martina.

—¿Le sorprende?

—No, pero es que parece que se lo quiso llevar a la cama. ¡Inaudito!

—Poco elegante quizá, pero inaudito no don Floro. ¿En qué siglo vive?

—Le parece normal cenar y zas.

—En la sociedad de lo políticamente correcto que hemos creado, es lo normal, incluso lo correcto, tras una gran cena… una buena merienda…

—¿Sin que apenas se conozcan?

—No es imprescindible, más emoción, o eso dicen…

—¿Y Usted? También… vamos, que participa de esos «principios».

—No don Floro, tranquilícese, yo también soy de su siglo.

—Isidora por favor llame a la señorita Martina, la quiero ver esta misma mañana.

—¿Y si está ocupada? dice esto con picardía.

—¡Pues que se desocupe Isidora! ¡Que se desocupe!

Fin del cuarto cuadro.

Cuadro 5

Martina acude a la llamada.

—¿Está mi tío?

—Sí, pero ahora está ocupado, deberá esperar.

—¡Oh Zu! Isidora que tengo prisa.

—¿Algún cliente quizá? Isidora lo dice con picardía.

—Martina no coge la indirecta y sigue con su prisa.

—Pues dígale otra vez que estoy, que tengo prisa, es por cosas del ministerio.

Isidora pasa al despacho de don Floro.

—Está aquí su sobrina y dice que tiene prisa.

—¿Prisa?

—Sí, por cosas del ministerio, no ha especificado.

—Isidora, ¿cree que la debo echar? Lo que le ha hecho a don Sebastián es de juzgado y nosotros hemos perdido un buen cliente...

—Difícil decisión don Floro, la pregunta es dónde puede hacer más daño, dentro o fuera de esta casa.

—Le ofreceré un puesto lejos de los clientes.

—Y de los trabajadores, de las secretarias y de todo bicho viviente, esa no tiene arreglo.

—Anda, dile que pase.

Martina entra en el despacho de don Floro contoneándose.

—Siéntate y dame una explicación racional de tu comportamiento de anoche.

—¿Anoche? ¿Con Sebas?

—Querrás decir don Sebastián, que ha anulado el pedido.

—¡Oh Zu! ¡Qué borde!

—¡Martina, más respeto!

—Si deberías estar tú ofendido, como yo, menudo tipo, me plantó tras una cena en Royalty, increíble, tío, increíble.

—No Martina, intentaste seducirle y don Sebastián es de la Obra General, muy estrictos con esas cosas y las debes respetar.

—Un antiguo, tío, un antiguo, le dije que se metiera sus pedidos…

—¡Martina no te tolero!

—No me tienes nada que tolerar, yo he venido a despedirme, así que ahórrate tus sermones.

—¿Despedirte?

—Sí, voy a trabajar, quizá no mucho, sabes que eso nunca me ha gustado, en el Ministerio de la Semejanza, Dirección General de Iguales y Diferentes.

—¿Y qué vas hacer allí alma de cántaro? Salvo eso de seducir… y últimamente no veo que se te dé tan bien.

—Hacer, hacer, pues mandar, que eso se me da genial. Realmente esperaba todo el ministerio pero…

—Otra más «competente» te lo ha birlado.

—No seas malo tío, me voy de Directora General. ¿Qué te parece?

—Pues muy bien, estás en el puesto más adecuado y seguro que los graves problemas de los iguales y diferentes los resolverás en un periquete, no me queda la menor duda. Ve con Dios.

—A ese señor ni me lo mientes.

Sale Martina y don Floro se queda pensativo, se ha quitado un problema de encima, pero sin poder contener exclama:

—¡Pobres iguales y diferentes la que cs ha caído! ¡Oh Zu!

Fin del sainete.

MARTE

Cuadro 1º

Consulta del doctor Traman, psiquiatra. Cuatro de la tarde, entran, Carmelo Raspado, unos cuarenta años y su madre Inés.

—¡Pasen, por favor y siéntense!

Se sientan y permanecen callados.

—Ustedes dirán.

—Que se lo diga el chico, ¡vamos Carmelín, cuenta tu caso al doctor!

Duda, carraspea y luego con voz ronca, dice:

—Pues verá doctor, es que viajo a Marte.

—¡Ah! ¿Y cómo lo hace? Si es tan amable me lo explica.

—Sí señor, todas las noches veo a Marte y viajo.

—¿Todas las noches?

—No señor, cuando está nublado, pues no…

—¿Y no viaja?

—Exacto, si no veo donde está, no viajo, es de cajón, me
perdería. ¿No lo cree usted así?

—Naturalmente, pero explíquemelo con más detalle.

—¿Quiere detalles?

—Explícaselo hijo, con todo lujo de detalles, el doctor
debe saber…

—Lujos ninguno, madre, que usted sabe que soy muy hu-
milde.

—Claro, hijo, claro, pero ¡explícalo!

—Cierro los ojos, antes me he fijado bien donde está y
¡zas! En Marte en cosa de segundos.

—¿Y se queda allí?

—Pues unas veces sí y otras no, eso es lo raro, por eso venimos a consultar.

—¿A consultar qué?

—Lo que le preocupa a mi hijo es que sin saber bien por
qué, una noche se la pasa en Marte, tan feliz, y otras ni
si quiera puede conectar.

—¿Conectar?

—Sí, mi hijo en Marte es muy conocido, incluso tiene un amigo íntimo, que viaja también casi todas las noches desde Saturno, del tercer anillo, nada menos. ¿Verdad Carmelín? ¿Cuéntaselo al doctor?

—¡Cuente, cuente! Muy interesante lo de ese amigo suyo.

—No se burle doctor, que vivo una tragedia, Misántropo, ni me llama, ni conecta, un drama doctor, un drama.

—¿Pero quién diablos es ese Misántropo?

—Quién va ser, mi amigo el del tercer anillo, Misántropo...

—Al principio, verdad hijo, pensamos que tendría dificultades, ya sabe, Saturno y su tercer anillo están lejos... pero han pasado casi quince días y es muy raro, muy raro. ¿Verdad Carmelín?

—Verdad madre, verdad. ¿No le parece a usted doctor, raro?

—¿No han pensado que quizá tenga un motor o los dos estropeados? Lo dice con ironía.

—Qué cosas dice, doctor, ni mi hijo, ni Misántropo necesitan esos cacharros.

—¿Cómo lo hacen entonces?

—Pues cómo va a ser, normal, levitando, levitando.

—Ya, ya… y ese amigo suyo cómo es, ¿me lo podría describir?

—¿Describir?

—Claro, señor Carmelo lo dice revisando su ficha.

—Naturalmente, cara muy redonda, lampiña, como un pan.

—¿Como un pan?

—Como una torta, ¿sabe cómo son esos panes candeales que venden en las tahonas? Pues así.

—¿Los ojos?

—Ojos no, solo uno y muy centrado, azul turquesa y la mirada… ¡la mirada doctor! ¡la mirada!

—¿Qué le pasa a la mirada?

—Te penetra, doctor, te penetra hasta el fondo lo dice con mirada libidinosa, como si recordara algún tipo de penetración anterior.

—Y el cuerpo ¿alto, bajo, rubio, moreno…?

—Inmenso, doctor, inmenso, casi dos metros, un armario, pies grandes, el dedo gordo, una gloria de dedo…

—¿Y usted le ha visto señora?

—No, pero como si lo hubiera visto, mi hijo solo habla de su Misántropo, de cómo habla, de cómo viste…

—¿Y cómo viste?

—Pues muy sencillamente, una túnica lisa con rebordes festoneados y unas sandalias con los dedos fuera, ¿verdad hijo?

—Verdad madre. ¡Ah! La túnica sin botones y sin ropa interior, jamás usa ropa interior.

—¿Y eso a usted le interesa mucho?

—¿Lo de la túnica?

—No hombre, lo de la ropa interior.

—Claro doctor, yo tampoco llevo, ¿quiere comprobarlo? Hace ademán de bajarse los pantalones.

—Déjelo, vamos a otra cosa. ¿Por qué los viajes?

—Una necesidad vital, sin viajes no hay Misántropo…

Interviene la madre.

— No quiero entrometerme, pero yo tengo mi teoría.

—¿Qué teoría?

—Misántropo es, por lo que me cuenta Carmelín, muy

despistado, quizá haya perdido el reloj con el que conectaban, una gran pérdida, un recuerdo de familia por lo que sabemos, una gran pérdida… una gran pérdida.

—Una gran pérdida de tiempo es la que me están haciendo ustedes pasar a mí. ¡Vayan a «Objetos Perdidos» y quizá allí encuentren a ese Misántropo y su dichoso reloj! ¡Salgan de mi consulta!

Salen Carmelo y su madre refunfuñando. El psiquiatra dice casi en alto:

—¡Lo último que me quedaba por ver!

Fin del Cuadro 1º

Cuadro 2°

Oficina de Asuntos Sociales.

Llegan Carmelo y su madre. Les recibe Celia, la asistente social jefe en su despacho.

—Pasen, pasen dice Celia efusiva.

Pasan y se sientan.

—Vosotros diréis dice en plan «coleguilla».

—Pues nosotros, mi hijo Carmelín y yo estamos indignados… y no sabíamos a quién recurrir.

—Pues han venido al mejor sitio, ayuda social, ayuda de género…

—¡Señora! Yo creo que se equivoca, lo nuestro no va de género, ¿verdad Carmelín?

—¡Verdad! ¡Verdad, madre!

—Pues en la nota que me han pasado, vosotros figuráis como unos excluidos sociales, y Carmelo Rasposo, o sea tú, sin género adoptado, pienso yo…

—Y dale con el género. ¡No señora! dice Inés indignada . Lo nuestro es otra exclusión y desde luego mucho más importante.

—¡Señora! Los géneros excluidos, que desafortunadamente son muchos hace una pausa y empieza a contar con los dedos , me salen dieciséis. ¡Fíjese si son importantes!

—Oiga señora, no sé cuántos géneros o como usted los llame hay, pero a mi Carmelín le ha traído aquí un asunto mucho más importante.

—Pues ustedes dirán Celia ha cambiado su cordialidad inicial por un tono mucho más lejano.

—Pues necesitamos ayuda. ¡Ayuda urgente!

—¿Urgente? Veremos si les podemos incluir en algún programa aunque todos están muy adelantados y naturalmente cubiertos, en esta oficina los asuntos de género tienen, naturalmente prioridad.

—¿Programas?

—Sí señora, programas de inclusión social, cambios de género, adaptación a la vida binaria, asuntos como verán transcendentes en el devenir del mundo moderno. ¿O es acaso que ustedes vienen de Marte?

— Yo no señora, pero mi Carmelín viaja a Marte y lo hace con mucha frecuencia. ¡Cuéntaselo hijo! ¡Cuéntaselo!

—¿A dónde dice que viaja?

—A Marte, lo hago casi todas las noches, cuando la noche es clara. ¿Conoce usted Marte?

—¿Marte? ¿Marte? Me suena mucho. El año pasado creo que había una agencia y un programa de excluidos territoriales con viajes a ese país, trajeron unas fotos muy bonitas, pero no recuerdo mucho más... pero esto como saben no es una agencia de viajes.

—Ya, ya lo suyo es el género, y en exclusiva...

—¡Señora!

—Para que lo entienda, mi Carmelín ha perdido la conexión con Misántropo, un buen amigo del tercer anillo.

—¿Tercer anillo?

—Sí señora, a usted hay que explicárselo todo, del tercer anillo de Saturno.

—Perdone pero no conozco ese anillo.

—¿Ni Saturno?

—Ese sí me suena, pero no caigo...

—Y como le decía venimos a pedir ayuda para restablecer la conexión.

—¡Ah!

—Ya, pues no veo el modo, ¿cómo es ese Misántropo? Quizá en nuestros archivos si ha pedido en algún momento un cambio de identidad figure y les podamos ayudar.

—Perdone, mi Misántropo, tiene una identidad muy definida, es saturniano.

—¿Saturnino?

—¡No señora! No se entera, saturniano del tercer anillo de Saturno.

—¡Ah! Desconocía lo del anillo…

—Ya lo vemos.

—Quizá pudieran tener alguna pista en la dirección General de Iguales y Diferentes, la directora general es buena amiga y les podría dar una recomendación. Les entrega una tarjeta.

—Pregunten por Martina, es la jefa, pero le gusta que la llamen así.

Cogen la tarjeta e Inés dice a su hijo:

—Iremos, pero no te hagas ilusiones, tu Misántropo no estará por allí. Está despejado, esta noche intenta viajar, es mucho más seguro.

—Eso haré, madre, eso haré.

Fin del 2º Cuadro.

Cuadro 3º

Dirección General e Iguales y Diferentes

Despacho de la Directora General.

Llegan Inés y Carmelo, preguntado por Martina.

—Esperen les dice una secretaria.

Esta entra en el despacho de Martina.

—Martina, tienes visita.

Martina está leyendo una revista del corazón.

—¡Oh Zu! Felisa, ¿no ves que estoy ocupada?

—Traen una tarjeta de Celia…

—¿Qué Celia?

—La de Asuntos Sociales, qué Celia creías que podía ser.

—¡Joder! Yo que sé. ¿Y traen prisa?

—Creo que sí.

—Pues que esperen, no ves dice pasando las hojas.

—¿Les paso o no les paso, Martina?

—¡Oh Zu! ¡Pásemelos de una vez! Pero si les ves pesados, me llamas para una reunión urgente.

—¿Qué reunión?

—¡Joder! Te la inventas. ¡Oh Zu! Felisa es que no aprendes.

Sale Felisa y les dice a Carmelo y a su madre que pueden pasar.

Entran y sin pedir permiso se sientan, vienen muy mosqueados, Martina los mira, de arriba a abajo y sin muchos preámbulos les dice:

—¿Y ustedes qué quieren?

—¡Pues qué vamos a querer! Conectar.

—¿Conectar con quién?

—Pues con quién va a ser, con el Misántropo.

—¿El qué?

—El amigo de mi hijo, aquí, Carmelín, saluda hijo, ante todo educación.

—Si ya he saludado, madre, he saludado. ¿Verdad señora que he saludado?

—¡Oh Zu! ¡Me quieren decir de una vez por qué han venido!

—Se lo estaba diciendo, por el Misántropo.

—¿Y qué le pasa a ese misántropo o como se llame?

—Como se llame no, señora, se llama Misántropo ¿verdad hijo?

—Verdad madre, verdad.

—¡Oh Zu! No es para ponerse así, digo yo.

—Pues dice mal, porque encontrar a Misántropo es vital.

—¿Vital? ¿Para qué?

—Para que mi Carmelín pueda viajar.

—¿Y a dónde quiere viajar? Quizá le podamos encontrar un billete sin necesidad de ese señor, tenemos recursos… y si es tan vital…

—A Marte señora, a Marte.

—¡Oh Zu! A Marte «na» menos.

—Sí, señora.

—¿Y el tal misántropo es el que despacha los billetes?

—No se entera de nada, Misántropo es la conexión de mi hijo, Carmelín, aquí presente, para viajar en los días despejados, o sea, casi todas las noches. Que está despejado, pues mi hijo conecta y viaja, que la cosa se pone turbia, pues se aguanta y no viaja... ¿Lo entiende?

—Pues no, qué quiere que le diga.

—Se lo explico otra vez.

—Exacto, del tercer anillo de Saturno, casi todas las noches cuando todo está despejado.

—Si la cosa se pone turbia, ¿no viene?

—Va por buen camino, lo va entendiendo.

—Y si todo está «despejado» viene y se ven en Marte.

—Exacto.

—¿Y su hijo viaja?

—Claro, así puede viajar, que es lo que más le gusta, lo que lleva haciendo años.

—¿No trabaja?

—No señora, lo importante es el viaje, es lo que le gusta, ya se lo he dicho, trabajar no señora, eso no le ha gustado nunca.

Martina sale un momento y entra al rato con Felisa

—Felisa, por favor dile a esta señora dónde está el Tercer anillo de Saturno.

—Señora, el Tercer anillo está en mi barrio, era una discoteca de copas, alterne y costo, lo cerraron hace un mes por eso del tráfico…

—¿De coches?

—No señora, de polvos mágicos. Usted, ya me entiende. Hicieron una redada y se llevaron a los traficantes.

—¿Nosotros qué tenemos que ver con eso? ¿Verdad Carmelín?

—Verdad madre, verdad.

—Sigue Felisa, termina la historia. ¡Oh Zu! ¡Que sí que es buena!

—Unas manzanas más abajo está Marte, es un antro de más postín, también lo cerraron ese mismo día que el Tercer anillo.

—Ya tiene señora la explicación, su hijo no viaja por falta de billetes, trenes y estaciones. ¡Oh Zu, qué historia!

Salen del despacho Inés y su hijo, madre e hijo dirigiéndose todo tipo de reproches.

Fin del sainete

LA MEMORIA

Cuadro 1º

Despacho del Subdirector General del «Recuerdo y la Memoria Prehistórica». Once de la mañana.

—Pasa Paulino, ¿qué hay de nuevo?

—Un primo suyo, señor subdirector general.

—¿Y qué quiere? No ves que estoy ocupado. Está manejando el móvil, sin al parecer con mucha pericia.

—Pues... algo de sus abuelos.

—¿Sus abuelos?

—El suyo, que también es, ¿el de su ilustrísima?

—Déjate de coñas, Paulino y dile que pase.

Pasa el primo.

—Hola Germán, ya veo que te va muy bien...

—Bueno ¿pero qué quieres?

—Qué voy a querer, que quieren quitar la placa de nuestro abuelo.

—¿Nuestro?

—Toma, tuyo y mío, no te fastidia, el que no era «rojo».

—Es la ley.

—Caray, es nuestro abuelo y que yo sepa jamás le hizo daño a nadie.

—Pero era…

—Sí, pero durante toda su vida ayudó a los «vuestros» y a los que no lo eran, a todo el que le pidió un favor, ¡ese era nuestro abuelo, el que compartimos!

—Eso ya no cuenta. ¿Qué quieres, emborronar mi carrera?

—Quiero que seas justo.

—Vamos Miguel eso ya no se lleva… ser justo, ¿eso qué es? La ley es la ley y ahora, si no te importa, tengo trabajo.

Sale Miguel.

Fin del Cuadro 1º

Cuadro 2º

Miguel y otros amigos han restaurado la placa y están todos en comisaría.

—Señor comisario, los revoltosos quieren hablar con usted.

—¿Y qué quieren Samuel?

—Pues qué van a querer, irse a sus casas. El pueblo está muy revolucionado.

—Que pasen. ¿Han pagado la multa?

—No, se niegan...

—Que pasen de una vez.

Van en orden, Miguel, el primero.

El comisario dirigiéndose a él, le dice:

—Vamos Miguel, tengamos la fiesta en paz. Pagar la multa y todo olvidado.

—¿Pagar? ¿Por qué?

—Porque estáis multados, ¡coño, multados!

—¿Por qué? Si se puede saber.

—Se puede, Miguel, artículo veintisiete, párrafo segundo de la ley del Recuerdo Antiguo y artículo cuarenta y siete, párrafo tercero de la ley de «Sin recuerdo no se vive…» o algo así, que su enunciado es tan largo que, chico, se olvida.

—Pues nos negamos, si las leyes no son justas, no se cumplen. Nos quedamos, eso sí, desayuno, comida y cena y camastro higiénico y limpio, según dice la ley del «trato digno al delincuente» artículo tres párrafo quince o algo así, que yo también soy flaco de memoria.

—Perdona Miguel, esa ley es solo para políticos «infraganti» en el delito…, no para vulgares alborotadores.

—¡Que no han cometido ningún delito! Señor comisario.

—Eso da igual, las comidas por vuestra cuenta, la comisaría no tiene fondos.

Salen todos en tropel a sus celdas.

El comisario se queda pensativo y luego en voz alta dice:

—Lo que hay que ver, nos están jodiendo con tanta ley, los buenos en la cárcel y los malos tan campantes. ¡Hay que joderse!

Fin del cuadro 2º

Cuadro 3º

Plaza del pueblo Almendradillo de la Reina, tres de la tarde. Roberto, Luis, Lola y otros vecinos se afanan en restaurar la placa.

—Está quedando muy bien, Miguel estará satisfecho, don Miguel se merecía esto y mucho más, fue el mejor alcalde, murió pobre, como una rata, y a nadie aquí le falto lo necesario.

—Se lee muy bien dice Luis, y lee : «El Pueblo agradecido a don Miguel de la Osa, por sus desvelos, honradez y entrega a sus convecinos».

—Es un homenaje merecido dice Lola , y lo digo siendo hija de republicano.

—Claro Lola, para don Miguel jamás hubo rojos o blancos, ayudó a quien lo necesito sin mirarle el color.

—Lo malo es que la volverán a quitar, he visto al Gervasio, un resentido con muy malas pulgas acercarse a la comisaría.

—Pues el comisario que yo sepa, no está por la labor, hoy mismo iba a soltar a Miguel y a sus amigos tras las cuarenta y ocho horas preceptivas y pasar a la jurisdicción penal.

—¿Penal?

—Sí amigos, lo que hemos hecho hoy además de gesto de justicia, es un delito. Parece ser que don Miguel de la Osa, hace casi un siglo, perteneció a algo que ahora es innombrable.

—El progreso de este país.

—Sí Lola, el progreso, el salir de la pobreza extrema, conseguir un trabajo seguro… y tantas cosas hoy olvidadas, pero cuando don Miguel fue nombrado alcalde, se acabó la pobreza y la gente tenía trabajo. Pero ahora con eso de la memoria.

—La memoria no sé, pero inteligencia poca, volverán a enfrentarnos a una desgracia, Lola, una desgracia…

—Tranquilo Luis, no lo van a conseguir.

—Dios te oiga.

Llegan los guardias, despejan la plaza pero no quitan la placa.

El jefe de los «guindillas» le dice:

—¡Eh, todos a casa!

—No, porque quitaréis la placa, aún está reciente el yeso contesta Roberto.

—Nadie va a quitar esta vez la placa, no somos albañiles, somos la policía municipal, el asunto está en los tribunales y hasta que no se resuelva el contencioso, no se toca, se lo hemos *explicao* al Gervasio.

—¿El resentido?

—El *mesmo*, Roberto, el *mesmo*.

Fin de cuadro 3º

Cuadro 4º

Juzgado de Primera Instancia

Alfonso Jiménez, juez titular, es el encargado de instruir la causa de la placa homenaje a don Miguel de la Osa. El acusado Miguel de la Osa, nieto del primero, y otros cinco, están sentados en un banco corrido.

—En pie los acusados dice el ujier.

Habla el magistrado.

—Se les acusa de desórdenes públicos y de quebrantamiento de la ley hace una pausa y quebrantamiento de los artículos 27 de la ley 50/50 y 47 de la ley 69/80 en sus párrafos 2º y 3º, respectivamente, del nuevo Código Penal. ¿Tienen algo que alegar?

—Sí, señoría, somos inocentes contesta Miguel , esto es un escarnio, una burla.

—¿Qué es un escarnio o una burla? ¡No tolero indisciplinas en mi juzgado!

—Con gusto se lo explicaré, señoría.

—No me tiene nada que explicar, conozco perfectamente el sumario. Usted defiende la memoria de don… mira

unos papeles y sigue , de don Miguel de la Osa, alcalde de... ¿No es eso?

—Así es, señoría.

—Pues no entiendo su detención, la placa no pudo ser retirada sin una decisión judicial y una sentencia firme y
la acusación aún no ha presentado dicha prueba.

—¡Protesto! Señoría.

—Nada tiene que protestar señor abogado de la acusación
y cuando habla este juez, no se le interrumpe. ¡Queda
avisado! Por lo que vengo a concluir que la placa debe
ser restablecida hasta dicha sentencia firme. La vista ha
terminado, los acusados quedan libres.

Salen todos felicitándose, en ese momento llega Roberto
sofocado.

—¡Miguel! ¡Miguel!

—¿Qué pasa hombre? Hemos ganado.

—¿Ganado? No sé.

—¿Qué no sabes?

—¡El Gervasio!

—¿Qué diablos pinta ese hombre en todo esto?

—Pintar, no pinta nada, pero ha echado un cubo de pintura roja sobre la placa.

—La limpiaremos. Qué pena, no pueden vivir sin rencor, qué pena, Roberto, qué pena. Nosotros les perdonamos hace mil años.

Fin del sainete.

EL GÉNERO

Cuando era niño en los cálidos veranos de Madrid, el ferragosto en las tiendas de productos perecederos los comerciantes solían poner un cártel que rezaba así: «El género dentro por el calor». En el siglo XIX en la Inglaterra Victoriana, los puritanos utilizaban el vocablo «gender», para referirse al sexo, que era una palabra prohibida.

En el año 2069, que es cuando quizá ocurren, los hechos que se narran, el «género» tampoco es eso, ni siquiera es gramatical, es otra cosa…, aunque hay que reconocer que el término ha tenido mucha suerte y gran recorrido, o muy socorrido, según se quiera ver.

Cuadro 1º

Oficina de Cambio de «Género»

Entra muy decidido Lucas Fernández, veintiocho años, al-
bañil, moreno de poblado bigote y corte varonil.

—¿Qué desea, deseo, o desee? Le interroga el portero,
portera o portere.

—Pues, ya ve, con lo que está cayendo prefiero ser mujer
o en todo caso indefinido, me lo estoy pensando.

El portero, portera o portere, le mira displicente y sin mo-
ver los labios dice:

—Piso, pisa, pise 3ª puerta, oficina, oficino, oficine de
oriéntación.

Lucas lo mira con asombro y por lo bajo dice:

—Este hombre, o lo que sea, habla así o solo en horas de
oficina. Deben ser sus códigos, códigas o códigues. ¡Uf,
todo se pega!

—¡Termine la letanía! ¿Piso tercero, tercera puerta, no es
eso?

—Exacto, señor, señora, señore...

Lucas coge el ascensor sale de la escena . En el ascensor hay una placa en el exterior que dice «Elevador, elevadora, elevadore» y debajo «será revisado por el técnico, técnica o técnique, el 23 de febrero del 2069).

Lucas no lee más, cree que están locos pero no dice nada, las paredes oyen y los ascensores quizá también. Y efectivamente oyen, una voz de las profundidades le dice:

—Señor, señora, señore, Lucas aquí se interpretan las palabras, palabros, palabres, está avisado, si no respeta nuestros códigos, códigas o codigues será castigado severamente.

Lucas se mete en el ascensor muerto de miedo.

Fin del Cuadro 1º.

Cuadro 2º

Oficina de Orientación.

—¡Pase¡

Se oye una voz desde dentro.

Lucas no sabe qué decir, realmente está amedrentado.

—Pues verá...

Le interrumpe el funcionario, funcionaria o funcionare, que con un gesto airado dice:

—Usted, viene a nosotros, nosotras, nosotres porque quizá empieza a comprender la grandeza de nuestro movimiento democrático.

—Perdone, ¿ha dicho democrático?

—¿Lo duda, lo dudo, lo dude?

—Yo, ya, ye, yi, yu...

—No se burle, esas bromas le pueden llevar a la cárcel, ¡que no se vuelvan a repetir! Puede terminar siendo un pervertido que no se adjudique ningún género y entonces estará usted perdido... sí, perdido...

—¿Por qué, si se puede saber?

—Se sabe, infringir el artículo 27 párrafo seis, de la Ley del Recuerdo Antiguo y el artículo 47, párrafo tercero de la ley del «Sin recuerdo no se puede vivir», como verá, en todo caso, muy grave.

—Oiga, a mí me enseñaron que si las leyes no son justas, moralmente nadie está obligado a cumplirlas.

—Pues aténgase a las consecuencias, en esta oficina somos estrictos, estrictas, estrictes y tajantes, tajantos, tajantas con nuestros principios. ¿Por cierto, usted por qué ha venido?

—Pues verá, en este momento no lo sé la verdad, quería cambiar de género pero…

—Pero qué, ¿quién se lo impide?

—No impedir, impedir no me lo impide nadie, pero…

—¿Duda en la elección?

—Debe ser eso.

—Es frecuente, su problema es muy frecuente, aquí tenemos el catálogo, como ve es muy amplio y diverso, no es obligatorio que se decida ahora mismo, tómese un tiempo, porque en algunos casos desgraciadamente exigen cambios irreversibles.

—¿Irreversibles? Yo entendía que se podían hacer hasta dos cambios al año.

—No en todos los casos, no en todos los casos, hasta aquí que presumimos de no tener límites, hay límites, aunque me esté mal decirlo. Lea, lea y vuelva cuando lo tenga decidido.

Lucas se rasca la cabeza, coge el catálogo y antes de irse vuelve sobre sus pasos y dice:

—Oiga y usted, ¿qué me aconseja?

—Nosotros, nosotras, nosotres no somos la oficina que da consejos, orientamos que es otra cosa. Una vez que lo tenga decidido, le pasaremos a la oficina de adaptación física y psicológica y vera lo bien que le irá. Tenemos experiencia.

—No sé, no sé…

—Elija el binario, es muy socorrido, tiene mucho éxito, ya verá.

—Binario, binario…

Lucas sale de la oficina, va diciendo por lo bajo «binario, binario».

Fin del Cuadro 2º.

Cuadro 3º

La oficina de Readaptación, un mes después. Lucas llega a ese lugar.

Se oye una voz campanuda que dice:

—¡Pase!

Lucas entra con paso firme, ser binario cree que le ofrece muchas ventajas.

—Mire le dice al instructor , lo tengo decidido.

—¿Decidido qué?

—Porque creo que ser binario me va muy bien con mi carácter.

—¿Carácter?

—Quiero decir expansivo, abierto…

—No todo es tan fácil señor, señora, señore, perdón en este caso señor, señora…

—Pues a mí parece muy sencillo, te levantas, te depilas, te perfumas, te pones unas ropas monas y ya tienes tu nueva condición.

—Se equivoca, señor, señora. Usted está pidiendo a gritos un curso de adaptación; no somos tan frívolos, ser binario tiene sus consecuencias y también sus inconvenientes, si el proceso no se realiza adecuadamente. ¿Ha barajado otras alternativas?

—Todas, todas y me quedo con binario, ya le he dicho que soy muy expansivo...

—Ya lo ha dicho. Aquí tiene los folletos del curso de adaptación, si tiene tanta prisa, puede empezar este mismo lunes mirando unos papeles, a las once de la mañana, hasta las cuatro con un breve descanso para una colación. ¡Ah! Y pase por caja, son quinientos euros, la inscripción y matrícula y doscientos por el material pedagógico.

—¡Caray! No es barato, pero... ¿saldré adaptado?

—Naturalmente, nuestro métodos tienen resultados excelentes, más de noventa por ciento de éxito.

—Muchas gracias.

—Lucas me ha encantado conocerte, tu compañera, compañero de curso será Rosa, que desde su género quiere ser binario.

Cuadro 4º

Lucas conoce a Rosa.

Aula de readaptación.

Cuando Lucas entra en el aula, sentada frente a un monitor, esta una mujer morena de ojos claros, muy mujer, es Rosa. Hechas las presentaciones, Lucas se sienta cerca de la morena.

El monitor comienza una charla interminable sobre los beneficios de la bisexualidad, Lucas que no pierde ojo de la morena, le interrumpe.

—Entonces, usted, cree que un bisexual liga más al abrir el campo, digamos que de acción.

—Por favor, no utilice esa expresión, nos relacionamos en un campo más amplio eso es lo correcto.

—Viene a ser lo mismo. ¿O no?

—Pues no, un campo de acción es algo sustancialmente violento, mientras que un campo amplio, es abrir una perspectiva...

—Eso señor monitor es semántica pura, yo estoy aquí y se lo confieso para vencer mi soledad y si amplío el campo, quizá tenga alguna ocasión.

—Eres muy modesto le contesta Rosa, hasta ese momento muy callada , muy modesto.

—Gracias, pero es la pura verdad.

—Bueno, dejémonos de interrupciones dice el monitor, el binario es un individuo que tiene que tener unas características especiales. Les voy a someter a una serie de test y en función de sus puntuaciones seguiremos el curso.

—¿Y si no alcanzamos esa puntuación?

—Entonces dejarán el curso, se les calificará de inadaptables y tendrán que buscar otra condición, hay muchas, no pueden quedar en indefinidos, eso les perjudicaría en su vida, en su trabajo…

El monitor reparte los test y dice.

—Llévenselo a sus casas, tienen un día para contestarlos, mañana iremos evaluando sus preguntas, la clase de hoy ha terminado.

—Una duda dice Lucas , si no pasamos la evaluación, nos devolverán el dinero.

—No señor, aquí el dinero jamás se devuelve, el noventa por ciento de los que acuden al curso se adaptan muy bien.

—¿Y el resto?

—Pues no, han venido a un lugar equivocado porque no lo maduraron suficientemente antes de empezar, probablemente.

Salen Lucas y Rosa, ella sonríe, él cree que le ha dado pie y dice:

—Oye Rosa, qué te parece si empezamos a salir juntos y dejamos esto de ser binarios para mejor ocasión.

—¿Te apetece salir conmigo? Si lo dejamos no te devolverán el dinero.

—Si a ti te apetece… ¡Que se queden con la pasta!

—¡Pues que se queden con la pasta!

—¡Que se queden!

Salen agarrados de la mano

Fin del sainete.

LA «PROTECTORA»

Cuadro 1º

Doce de la mañana comisaría nº 56, entra Samuel.

—Vengo a denunciar...

—Pase, segunda puerta a la derecha le dice el agente de vigilancia.

—¿Usted dirá?

—Pues no sé cómo empezar tartamudea Samuel.

—¡Pues empiece! dice el inspector, empezándose a impacientar , no tenemos todo el día.

—Pues verá, el caso es que no sé dónde están mis hijos.

—¿Los ha perdido?

—No señor, los tenía mi exmujer, pero hace casi quince días que no tengo noticias, llamo por teléfono, le pongo whatsapp, pero nada.

—Por lo que dice, está usted separado y mantenía una relación normal con su expareja...

—Hasta ahora yo sí, buenos días y buenas tardes, pero normal.

—Son ustedes de pocas palabras.

—No diga eso señor inspector, es el consejo que me ha dado mi abogado… ya sabe…

—¿Rompieron bruscamente?

—¡Hombre! Hubo palabras, pero nada trágico, yo soy muy pacífico.

—Ya. ya, pues deme la dirección y teléfono donde cree que están sus hijos y mandaremos una patrulla para una primera investigación, quizá sea una falsa alarma… se han ido de vacaciones, ya sabe…

—¡Dios se lo pague!

—Aquí ese señor no es quien nos paga, pero respeto sus creencias, pase a la oficina de al lado y formalice la denuncia, luego, si quiere, puede esperar en la sala contigua, hay una máquina de café y refrescos.

—Será para largo.

—Eso nunca se sabe, pero si como usted dice, va para largo y no hay otro tipo de conflictos… tendrá que esperar en su casa.

—¿Conflictos? ¿Qué tipo de conflictos?

—No se apure, es pura rutina, sus antecedentes, sus posibles deudas, en fin esas cosas que pueden retrasar su salida, espere por favor.

El inspector se levanta e indica a Samuel la puerta y a donde debe dirigirse, la sala de espera.

Fin del Cuadro 1º.

Cuadro 2º

La sala de espera de la comisaría.

Entra Samuel en la sala, no está vacía, sentado con la cabeza entre las manos, sollozando, hay un hombre, es Ezequiel, Samuel le mira, se sienta también pero no dice nada. Ezequiel no le presta atención y sigue con sus sollozos. Samuel por fin se compadece y quiere saber qué le pasa.

—Pero hombre, cálmese, así no resuelve nada.

—Ya nada hay que resolver, ya estoy condenado y bien condenado, se lo digo yo.

—¡Hombre! No sea así, debe confiar...

—¿En quién? ¿En qué?

—En la justicia, en la policía...

Ezequiel no le hace caso y sigue sollozando.

—¡Cálmese! A lo mejor si me lo cuenta le puedo ayudar.

—¿Ayudar? No lo creo.

—¡Inténtelo! A lo peor yo estoy en igual o peor situación.

—Lo dudo, he perdido a mis hijos.

—Pues yo también, lo sé desde esta mañana que tenían que venir a mi casa.

—Yo desde hace años, y hoy me acaban de decir que no están en España.

Vuelve a cogerse la cabeza con las manos y rompe a llorar amargamente.

Se oye una voz que dice:

—¡Pase!

Entra Samuel.

—¿Qué saben algo? ¿Los han encontrado?

—Pues aún no, no se impaciente, solo hace una hora que ha puesto la denuncia.

—Ya, pero comprenda…

—Mire, una patrulla ha ido a su domicilio, mejor dicho, al de su pareja.

—¡Expareja…!

—Bien, pues no están y nadie parece saber nada, es lo habitual, cuando se van no suelen decir donde van, ni dejar muchas pistas, usted lo debería comprender.

—¿Entonces?

—Pues que usted nos puede ayudar.

—Claro, claro, pero ¿cómo?

—Oyó o sospechó que su ex estuviera en alguna asociación o frecuentara alguna...

—Pues no sé.

—Haga memoria, es importante, estos sucesos no ocurren a veces espontáneamente.

—¿Qué quiere decir?

—Pues que hay previamente una labor de seducción, unos planteamientos, en fin usted ya me entiende...

—Le juro que no entiendo nada, los niños cuando estaban conmigo y con mi madre eran felices, no les faltó de nada, de nada, señor inspector.

—En estos casos hay colaboraciones, apoyos, asociaciones, entiende ahora.

—Algo voy captando pero... Desconozco ese mundo.

—Pues si recuerda algún nombre ¡díganoslo! Facilitará nuestro trabajo. Ayudará a situar la búsqueda.

—¿Estarán en España?

—Pensamos que en este caso es lo más probable, pero vigilaremos los aeropuertos. Tarde o temprano aparecerán, somos muy eficaces, tenga confianza.

—Pues ese pobre hombre de la sala de espera, ha perdido toda la esperanza.

—No se lo debiera contar, pero es un caso especial, su expareja es extranjera y...

—Ya, eso me ha contado.

—Sus hijos aparecerán, usted recuperará la patria potestad, el juez calificará probablemente el asunto de secuestro, aunque su ex manifieste un afán de proteger, será su defensa, tenemos experiencia de otros casos. Madre protectora que secuestra a sus hijos, para protegerlos de males inimaginables.

—¿Males inimaginables?

—Sí hombre, la sociedad patriarcal, la contaminación, el cambio climático o cualquier otra cosa que pase por su imaginación, así están las cosas. Espere tranquilo nuestras noticias.

Sale el hombre entre confiado y triste, muy triste.

Fin del Cuadro 2º

117

Cuadro 3º

Unas semanas después, despacho del Comisario.

—Pase, el comisario le espera. Samuel entra impaciente.

—Hemos estudiado su expediente y curiosamente su ex le había denunciado seis veces.

—Sí señor comisario, pero su señoría las desestimó todas por falta de pruebas y tras las verificaciones oportunas.

—Pero no le ha llamado la atención el último párrafo del auto.

—No, no…

—Pues es muy significativo, su señoría avisa a la denunciante que ante la reiteración de denuncias sin fundamento demostrado, que podría incurrir en un delito.

—¿Y llevárselos, no lo es?

—Naturalmente, pero había consumado la vía más sencilla, tenía que manejar otra opción.

—¿El secuestro?

—Ese calificativo solo puede aplicarlo un juez, absténgase de juicios…

—¿Tienen pistas?

—Estamos siguiendo algunas que por discreción no le puedo comentar, creemos que estamos en el buen camino.

—¿Y los niños estarán bien?

—Si es lo que estamos pensando esté tranquilo, hay antecedentes de situaciones similares y realizadas con el mismo procedimiento.

—¿Procedimiento?

—Sí hombre, el «modus operandi» de la acción delictiva, no son muy originales precisamente.

—¿Quiénes no son muy originales señor comisario?

—Pues lo autores del delito. ¿O cree que su expareja no tiene colaboraciones?

—Eso me lo figuraba, ella no es de mal corazón, se lo digo yo, son todas esas cosas que les meten en la cabeza.

—Ahora quiero que rellene este cuestionario, sea lo más preciso posible, no invente, lo que no sepa lo deja en blanco. Utilice la sala de espera.

Sale Samuel con unos papeles en la mano, en la sala de espera está Ezequiel, cuando le ve le abraza efusivamente.

—¡Hombre Samuel! ¿A qué viene tanta efusión? dice Samuel un poco mosca.

—¡Han encontrado a mis hijos! ¡Los han encontrado! ¡Es fantástico!

—Ya le dije que no perdiera la esperanza.

—Mi ex, dice que no los secuestró, que estaban en un viaje de placer…

—¿Y no le avisó?

—Pues con la emoción del premio se le pasó.

—¿Qué premio? ¿Qué emoción? Ezequiel ¡explíquese!

—Pues compró una batidora en un supermercado y le dieron un número y… fíjese, qué suerte, un viaje, nada menos que un viaje, un tour por Italia, su tierra natal, ¿qué suerte verdad?

—Sí, mucha suerte y mucha casualidad ¿eso le ha dicho la policía?

—No, me lo acaba de decir por teléfono mi ex…, la policía aún no me ha dicho nada, estoy esperando que me confirme la noticia, los niños están bien y eso es lo importante.

—Sí Ezequiel, eso es lo importante.

Samuel entrega el cuestionario y sale de la comisaría.

Fin del Cuadro 3º

Cuadro 4º

Una semana después en la misma comisaría, despacho del comisario. Samuel acaba de entrar, el comisario le dice que se siente.

—Samuel, tenemos buenas noticias, los niños estarán mañana con su abuela paterna, es decir con su madre, ya ha sido avisada.

—¡Muchísimas gracias! ¡Muchísimas gracias!

—No hay de qué, es nuestro trabajo, le doy la enhorabuena, están razonablemente bien.

—¿Razonablemente?

—Claro, confusos, confundidos, lo normal en estos casos.

—¿Es muy normal?

—No afortunadamente y de momento no lo es, esperemos que no se haga costumbre.

—Y ahora ¿qué debo hacer?

—¿Qué? ¿Qué debe hacer?

—Sí, sí, quedarme en la ciudad o poner distancia…, para evitar nuevas denuncias o desapariciones…

—Pues no se lo aconsejo, podría ser denunciado por lo mismo que usted puso la denuncia.

—Pero el juez me otorgará ahora la custodia.

—Sí, mientras se sustancie el proceso, si su ex es condenada y entrara en la cárcel, mantendría el derecho a visitas.

—¿Visitas? ¿Y si los niños no quieren?

—Mire, no lo entiende, será su señoría quien establezca esas visitas y determine quién definitivamente tenga la custodia, de momento espere y sea prudente.

—Yo siempre he sido prudente señor comisario, muy prudente.

—Pues siga siéndolo, no se acerque a su ex y si por motivos legales tiene que hacerlo, siempre con testigos cualificados.

—¿Cualificados?

—Me refiero a que su testimonio sea tomado en consideración, su madre por ejemplo, siempre testificará en su favor y eso en un proceso tiene muy poco peso, debe comprender.

—Le entiendo, pero tengo miedo, mucho miedo, si lo que me comentó por teléfono es cierto, recuperar a mis hijos, no va a ser, para mí, gratis precisamente.

—Nunca lo es. Usted recupera a sus hijos, pero el insulto más fino será de machista o maltratador que se ha salido con la suya. Eso no es cómodo, por eso le recomiendo prudencia, un error y está usted perdido.

—Pues creo que debo poner distancia..., cada vez, por todo lo que me ha dicho, estoy más convencido.

—Pues espere la resolución del caso y luego pida permiso a su señoría, si se lo concede, pues adelante, yo haría lo mismo.

—Gracias señor comisario, muchas gracias.

Fin del sainete.

MUNDO MODERNO

Cuadro 1º

Anselmo habla con Juana, su compañera.

—Hoy soy mujer, así que me quedo con todas tus labores.

—¿Todas?

—Claro, todas, tus labores y obligaciones, querida.

—¿Incluyes quedar con mis amigas?

—Por supuesto, es lo que más me gusta.

—¡Ni hablar!

—¿Por qué?

—¿Por qué? Porque la Elvirita, menuda lagarta, te tiene *fichao*. Estás en su radar.

—Es que es muy moderna.

—Qué moderna, ni qué narices, esa se quiere levantar a mi novio.

—¿Yo?

—¿Y quién va a ser?

—Qué mal pensada eres Juana. Hoy voy a la tertulia como me llamo Anselmo, quiero decir Anselma…

—Haz lo que quieras, pero luego no vengas pidiendo prebendas

—¿Prebendas? Ahora lo llaman así… Antes era…, lo que era, pero no sufras no te pediré «prebendas».

—Tú, verás. No estés tan seguro.

—¡Juana, no me chantajees que te conozco!

Anselmo se pone un abrigo y sale de escena. Mientras Juana llama por teléfono.

—¿Aurora?

—Te llamo porque Anselmo se ha ido a nuestra reunión.

—Claro, a ligar con Elvirita y ya sabes como es.

—Anselmo, no, Elvirita.

—Sí mujer, estoy preocupada, a esa pájara les gustan los tíos… y mi Anselmo qué te voy a decir como tío….

—Sí, sí, muy bueno, pero ya sabes de lo que flaquean.

—Y si esa usa sus armas…

—Ya, ya, un calentón, qué ingenua eres Aurora.

—Claro, defiéndela, que todas tenemos un mal día.

—Sí, sí, bueno, según se mire. Luego hablamos. Agur.

Fin del Cuadro 1º

Cuadro 2º

Altillo de una cafetería de barrio, sentadas en una mesa Aurora, Elvirita, Lola y naturalmente Anselma.

Habla Aurora.

—Querido Anselmo... La interrumpe.

—Anselma, querida, hoy, si no te importa, Anselma.

—Pues te decía Anselmo, no sé si debo contarte que he hablado con Juanita. La vuelve a interrumpir.

—Querida, dice en tono más seco, soy Anselma a todos los efectos.

—¿A todos? interrumpe Elvirita

—A todos, querida...

—A mí, no me la das con queso dice Lola , tú tienes propósitos ocultos, conozco a los hombres.

—¿Tú qué sabes Lola? ¿Qué sabes?

—Que os perdéis por la braguetá, lo sabré yo dice con suficiencia.

—Queridas, en los tiempos modernos eso ha dejado de tener sentido, eso era de nuestros abuelos... Hablemos de otro tema más interesante.

—¿Más aún, qué tema...?

—El vestido que he visto, precioso y a un precio tirado.

—¿Dónde?

—No te lo pienso decir querida Lola, te quedarás con las ganas. Te comprarías uno igual y eso no mola. Para empatar, que te conozco.

De pronto entra Juanita.

—¿Está aquí ese rufián?

—Aquí no hay ningún rufián dice Elvirita , más respeto.

—A este dice señalando a Anselmo con el dedo , ya sabe a qué ha venido, ¿verdad Elvirita?

—¡Hija! No sé, no estoy en la cabeza de nadie.

—Lo que tienes en la cabeza, lo sabemos de sobra.

—¡No te tolero!

—¡Vamos Anselmo, que aquí no nos toleran!

—Eso a ti querida, a mí creo que sí.

—A Anselmo, que es un amor, le toleramos hasta que sea Anselma. ¿Verdad, chicas? dice Elvirita.

Juanita se lanza sobre ella dispuesta a estrangularla, las separan.

Fin del Cuadro 2º.

Cuadro 3º

Casa de Elvirita, Anselmo lee el periódico en su tableta. Lleva un mes instalado en esa casa. Ha vuelto a ser Anselmo, con cambios esporádicos al otro sexo, para no perder su condición de binario y los beneficios sociales que esa condición le reportan.

—¿Sabes qué dice el digital, Elvirita?

—No si no me lo cuentas, querido…

—Pues que han aprobado veintitrés géneros y varios tipos de fluidos.

—¿Qué barbaridad? Yo creo que con ocho o diez era más que suficiente.

—Yo también, con una docena, más que suficiente. ¡No sé dónde vamos a parar!

—¿Y cómo nos va a influir, querido? ¿Tendrás que registrarte de nuevo?

—No te preocupes, ahora cualquiera lo pude hacer por Internet en dos patadas, si eres mayor de dieciséis, «chupao».

Llaman a la puerta, se oye una voz es un cartero.

—Don Anselmo, Anselma Rodríguez. ¿Es aquí?

—Sí señor responde Elvirita.

—Es un certificado, tienen que firmar los dos.

—¿Los dos?

—Claro, si un certificado viene al nombre de dos persona, la norma es que firmen ambos, pues ambos deben darse por enterados, es la norma, señora.

—Anselmo, aquí hay un hombre que no entiende nada de género fluido. Mi Anselmo y mi Anselma, es el mismo, mi hombre y mi mujer cuando se tercia, que aunque sea indiscreción, se tercia muchas veces.

— Señora, a mí no me cuente batallas, necesito dos firmas, por favor.

—Tranquilo hombre, eso se arregla fácilmente, ve mi carnet de identidad, por una cara Anselmo Rodríguez, por la otra Anselma Rodríguez, traiga el paquete, y ahora mismo firmo, dos veces.

Recoge el paquete y antes de que el cartero salga, Anselmo con suficiencia dice:

—¡Es horrible, esta gente se resiste a vivir en los tiempos modernos!

—Sí querido, son como mi tía Eloísa, que se resiste también a tener en casa un binario como ama de llaves y un fluido de chófer, es horrible, qué gente.

—Pero tiene mucho dinero esa tía tuya ¿tiene herederos, además de ti?

—No, soy su única heredera, pero ya me ha dicho, que todo para la beneficencia, que para una guarra como yo ni un duro. ¡Será puta la tía!

—Te equivocas Elvirita, tienes que convencerla de que has cambiado, me presentas como tu novio formal, dejo de ser binario por un rato y cuando la tengas en el bote a vivir, que esto de binario a lo peor no dura toda la vida.

—Difícil, pero tienes razón, los tiempos pueden cambiar, de hecho están cambiando, el cartero no era un carcamal, era un tipo joven.

—Sí, pero trabaja ocho horas y no tiene más subvención que su sueldo y cuando despierte…

—Se acabará el tiempo moderno, ¿quieres decir?

—Se acabará Elvirita, se acabará, no lo dudes…

Fin del sainete.

DEL FRÍO Y EL CALOR

Cuadro 1º

Dirección General del Tiempo y de las Tormentas. Departamento de Las Nubes Tormentosas. Despacho del director Eulitino Jiménez. Doce de la mañana.

Habla Eulitino con su ayudante Froilán, natural del noroeste, con marcado acento.

—Pues no me diga don Eulitino que no le gusta su nuevo departamento.

—¡No diga tonterías Froilán! Yo donde me desenvuelvo bien es en «calor», y si es extremo, pues mejor, confirma mi tesis…

—¡Su tesis!, don Eulitino, eso que a la humanidad le quedaban tres días, qué quiere que le diga.

—No diga nada Froilán, le quedan tres telediarios, son mis predicciones y punto.

—Pues al señor ministro no le han hecho mucha gracia.

—¿Cómo le iba a hacer Froilán? ¿Toda la vida zanganeando y cuando tiene sillón y poltrona, le dices que le va a durar un mes o casi, que por culpa del calor se acabó el «carbón» de la buena vida…

—Ese don Eulitino no se acaba nunca porque ya no se gasta.

—¡Es una forma de hablar Froilán! Una forma de hablar.

—Ya, pues verá, en las «nubes» se vive muy bien, se lo digo yo que llevo años en este departamento y mi antiguo jefe siempre me decía: «Baja de las nubes Froilán , baja de las nubes».

—Fin de la cháchara. ¿Qué tenemos pendiente?

—Pendiente, pendiente, nada, las nubes ya se sabe vienen y van, son nubes.

—¿Las tormentas?

—Eso en verano don Eulitino, con el calor, ahora llueve, escampa y a otra cosa.

—¿Entonces lo más importante de este departamento qué es? Si se puede saber.

—Se puede, se puede don Eulitino…

—¡Pues dígalo de una vez! ¡Baje de la nube!

—No se impaciente, lo importante son las sanciones.

—¡Sanciones! ¿A quiénes sancionamos?

—A quienes van a ser, a los infractores.

—¡Ah! ¡Y qué infringen!

—Generalmente los artículos veintisiete y cuarenta y ocho del tercer reformado de la ley de tormentas aprobada ya hace más de diez años.

—Fundamentalmente por provocar lluvias o alejar nubes borrascosas.

—¿Y eso qué tiene de malo?

—Los procedimientos don Eulitino, los procedimientos…

—¿Sacan rogativa o pasean santos como antiguamente?, porque ya sabe, toda expresión religiosa en nuestra sociedad está terminantemente prohibida, no faltaba más, en nuestro mundo moderno, ¡intolerable!

—No, don Eulitino, eso ya no ocurre jamás, se usan al parecer procedimientos más eficaces.

—Sigo sin entender. ¡Me lo quiere explicar de una vez!

—No se sulfure, que es su primer día y no parece que lo haga con buen pie.

—Yo lo hago con el pie que me da la gana, o me lo explica ahora mismo o tiene usted los días contados en este departamento.

—Los días en este y en todos los departamentos, según su tesis los tenemos en breve todos contados, pero se lo explicaré. ¡Pero, por favor, no se sulfure! Se utilizan productos pirotécnicos.

—¡Contaminantes!

—Una contaminación pasajera y leve, que según ellos se compensa con el beneficio de proteger una cosecha.

—Aquí Froilán no se protege a nadie, quiero en veinte minutos la lista de infractores y al más importante mañana a primera hora en mi despacho.

—Como usted diga, señor director.

Fin de Cuadro 1º.

Cuadro 2°

Agapito Chancleta de Agromaíz Reunido S.A. espera que Froilán le pase al despacho de don Eulitino.

—Que pase el infractor. Se oye una voz desde dentro del despacho.

—¿Es a mí? dice Agapito, no dándose por aludido.

—Claro hombre, ¿no es usted de Agromaíz Reunido?

—Sí.

—Pues pase.

Entra en el despacho, tímido y sin decir nada se sienta.

—¿A usted quien le ha ordenado sentarse?

Hace un ademán de levantarse

—Perdone, pero creía...

—Usted, no cree nada y ya que está sentado siga sentado, no sea que se me vaya a caer del susto.

—¿Susto?

—¡Vaya! Además de infractor consulta unos papeles y sigue , infractor grave, se hace el despistado…

Agapito empieza a reaccionar.

—Oiga, yo no he cometido ningún delito.

—Usted quizá no, pero su empresa, Agromaíz, ¿no?

—Sí señor, Agromaíz Reunido S.A.

—Pues esa Agromaíz, o como diablos se llame, ha cometido un delito, y un delito muy grave.

—¿Muy grave?

—No se haga de nuevas, la contaminación ambiental en este país y desde que estamos en el poder es un delito gravísimo.

—Perdone usted, debe estar confundido, Agromaíz Reunido S.A. jamás ha cometido delito alguno.

—No es eso lo que dicen estos informes le muestra unos papeles.

—¡Ah! Y qué dicen esos informes, si se puede saber.

—Pues sí señor, aquí lo dice y muy clarito se los enseña . «El veintitrés de junio del año en curso, miembros de la empresa Agromaíz Reunido, ante un cielo de tormenta amenazante procedieron a disparar media docena de cartuchos, al parecer con el fin de disipar dicha tormenta».

—¿Y eso es un delito, haber disipado la tormenta con la cosecha a punto de ser recogida? ¿sabe lo que significa?

—No lo sé, y ese no es el asunto por el que está usted aquí como representante de esa empresa... Agromaíz.

—No, el asunto es que si hubiera descargado en esos campos, la hubiéramos perdido.

—¿Qué hubieran perdido?

—La cosecha y la ruina de la empresa, el pan de muchas familias.

—¿No tienen ustedes seguro?

—¡Naturalmente! Pero el seguro no puede cubrir todas las pérdidas, un seguro así sería prohibitivo para una empresa pequeña como la nuestra.

—Pues lo siento pero la sanción por contaminación atmosférica es de cien mil valores, ya sabe, el valor al cambio con la antigua moneda creo que está a uno, cinco o así, aún puede pagar en cualquiera de esas monedas.

—Nosotros no disponemos de esa cifra, sin arruinarnos, debe comprender, en cualquier feria de pueblo se tiran más tracas.

—Pues si no pagan, les llegará el embargo. ¡Tienen un mes! ¡Y que no se repita! Buenos días.

Sale Agapito con la moral por los suelos, le falta muy poco para echarse a llorar.

— ¿Y de dónde sacamos ese dinero? ¿De dónde?

Fin del Cuadro 2º.

Cuadro 3º

Dos día después...

—Don Eulitino, están aquí *mister* Ellison y *mister* Warres, de la empresa Agrohamber S.L., desean verle.

—¿Tienen cita Froilán?

—No señor, pero ha habido una llamada de la Dirección General pidiendo que los recibiera con urgencia.

—Pues diles que pasen, no faltaba más.

Pasan dos hombres, altos, rubios, con una inconfundible pinta de yanquis.

—¡Siéntense, por favor! Aquí estarán más cómodos les dice Eulitino mostrándoles los sillones de las visitas importantes.

—Ustedes dirán.

—Pues venimos aquí remitidos desde Bosques y Fauna, para solicitar una autorización, y es además muy urgente. Habla Ellison, con inconfundible acento.

—Continúe por favor, si está de mi mano, y más viniendo de Bosques y Fauna.

—Pues vamos a desforestar unas doscientas hectáreas y lo tenemos que hacer de forma muy urgente y para ello…

—¿Van a desforestar doscientas hectáreas? ¿Tienen autorización de Bosques…?

—Sí señor, es un proyecto muy ecológico.

—¿Ecológico?

—Inicialmente es obvio que no, pero esté tranquilo, el medio se respeta.

—Ya, ya, pero no entiendo qué pinta en todo esto Nubes y Tormentas.

—Mucho señor Eulitino dice Warren, hasta ese momento callado.

—¿Sí?

—Claro, vamos a utilizar medios que se podían considerar discretamente contaminantes…

—¿A qué le llama usted «discretamente contaminantes»?

—Pues en la zona de deforestación con todo el equipo dispuesto, corremos el riesgo de quedar empantanados.

—¿Empantanados?

—Perdone mi español, no es perfecto, quiero decir atrapados sin poder mover ese equipo

—Bien. ¿Y qué tiene que ver mi departamento en esa circunstancia?

—Mucho, señor, mucho…

—Sigo sin entender ¡por favor explíquese mejor!

—Deja que se lo explique Warren, por favor.

—Adelante.

—Pues es muy sencillo, en la zona de desforestación con todo el equipo preparado…

—Eso ya lo han contado.

—Pues ya sabe la inversión que significa y no pueden estar parados, cada día son miles de. .

—No entiendo por qué los tienen parados, si tiene los permisos…

—Se acerca una gran tormenta que dejaría el terreno impracticable quizá más de una semana.

—¿Y?

—Está muy claro señor, debemos ahuyentarla dice Warren.

—Exacto, utilizar nuestra pirotecnia que es muy eficaz y poco contaminante… y ese permiso nos han dicho en Bosques que lo da su departamento.

—¿Poco contaminante?

—No se apure, es una contaminación temporal, aunque para tanto terreno debemos ser generosos en su uso.

—¿Qué quiere decir generosos *mister* Ellison?

—Pues que no podemos reparar en medios con mucho dinero en juego, en el ministerio están encantados con el proyecto, hamburguesas veganas con soja del país, sin tener que importar, ni depender, ya sabe, de las fluctuaciones del mercado internacional, un gran logro.

—No lo dudo, ¿pero no podrían dejar eso de la pirotecnia para más adelante en época de pocas tormentas?

—No señor es mucho lo que está en juego, debe darnos la autorización de forma inmediata.

—Está bien, salgan por favor, prepararé el documento.

Fin del Cuadro 3º.

Cuadro 4°

Despacho de don Eulitino, habla con Froilán.

—¿Cómo que te niegas a redactar este documento?

—Sí, don Eulitino, va contra todos mis principios, contra todos.

—¡Qué principios, ni qué principios! Tú estás aquí para obedecer, no para tener principios.

—¡Oiga don Eulitino!, sin faltar, que tengo principios. El campo que quieren desforestar, lo conozco muy bien, está en mi tierra, es una joya, ¡una joya don Eulitino!

—Será toda la joya que quieras pero en este departamento se obedece o se atiene uno a las consecuencias.

—No sé cuáles son las consecuencias que usted dice, pero hace tres días a una pobre empresa por cuatro petardos le dio usted un «crujido», y a esos señores que pretenden nada menos que desforestar dos hectáreas…

—No lo entiendes hombre, hoy perdemos ese terreno, pero mañana ganamos en salud, con esa soja reduciremos el consumo, quizá hasta un veinte por ciento, de la carne de vacuno.

—¿Y los ganaderos a la calle?

—Ese no es mi problema Froilán, ¡no es mi problema!

—Naturalmente usted no tiene problemas, el sueldo se lo traen a casa; a esas familias, si cierran sus alquerías, no les llevarán el sueldo a casa y sus hijos y ellos, lo pasarán muy mal pero, naturalmente, no es su problema.

—No hay cabida para los sentimentalismos, no hay cabida.

—La hay para la injusticia, las varas de medir diferentes y por qué no, la crueldad, ¡Quédese con mi puesto, trabajar con usted es una deshonra para un hombre firme… con principios.

—Te arrepentirás, no vas a encontrar trabajo fácilmente, ¡ya no eres de los nuestros! Coge tus pertenencias y sal de esta oficina.

—Con mucho gusto, hoy me he dado cuenta de la falsedad y de la hipocresía. Don Eulitino, usted evidentemente no tiene principios, de ahí probablemente, y no por méritos profesionales, su ascenso meteórico. Además, para las dos semanas que le quedan a este mundo, mejor las pasaré en casa que en malas compañías.

Fin del sainete.

LA REBELIÓN DE LOS VIRUS

Cuadro 1º

Centro Landia 2037

Parlamento viral

De todas las latitudes han acudido a dicho parlamento virus de todo el mundo, en un turismo viral permitido por la gran movilidad de los seres humanos, sin límites, ni tan siquiera por aquellas fechas. De huésped en huésped, burlando las presuntuosas medidas de seguridad y alojados tras el último salto, en las células diana correspondientes de los parlamentarios.

Preside el tataranieto del «soldadito de Nápoles*», conocido coloquialmente como Trancazo, un virus clásico, «la influenza versus gripe». Se aloja en la presidenta de la Cámara como no puede ser de otra manera.

—Tiene la palabra el Rodovirus de toda la vida dice Trancazo, presidente.

—Con la venia señor presidente, vengo a informar que he sido suplantado de forma alevosa, y con nocturnidad y…

---

* «El soldadito de Nápoles era una canción muy popular coincidente en el tiempo con la epidemia de gripe de 1917, mal llamada gripe española, que mató cientos de personas en todo el mundo.

—¡Alto ahí! Ni alevosía, ni nocturnidad, con luz y taquígrafos, como en esta cámara replica el Rodovirus Reforzado.

—¡Qué desfachatez señor presidente! ¡Qué desfachatez! No disimules con eso de reforzado, eres un quimérico, un manipulado y te deberíamos echar de esta cámara.

—¿Echarme por qué? ¿Por haberos desplazado de los medios de comunicación y de los pulmones de los contribuyentes?

—¡Repórtese Rodovirus Reforzado o tendremos que tomar otras medidas!

En ese momento, en la Cámara, el diputado portador del reforzado tiene la palabra. Los virus ahora permanecen en silencio.

—Con la venia, señora presidenta.

—Adelante diputado Fernández.

—Vengo a informar que mi grupo está de acuerdo y votará a favor de ese «remedio mágico», según dice el diputado de la bancada de enfrente, desconocedor naturalmente de los usos médicos y farmacéuticos de este siglo.

—No descalifique diputado y limítese a exponer sus razones.

—No me limito, la expongo, el «remedio mágico» según el diputado de la bancada de enfrente es...

—No se repita señor diputado, no se repita por favor.

—No me repito señora presidenta, pero el calificado como «remedio mágico»...

—Ya lo hemos oído, por el diputado de la «bancada de enfrente», prosiga por favor.

—Prosigo, señora presidenta, pues como iba diciendo...

—No se repita, se lo ruego, y le llamo al orden.

—¿Al orden? ¿Por qué? ¿Por lo del «remedio mágico»?

—No, señor diputado, por consumir su tiempo sin decir nada, prosiga por favor.

—Bien, bien, pues como iba diciendo...

—No se lo tolero más. Se levanta la sesión, un receso de media hora. Consulte sus papeles señor diputado.

Ya de pie los diputados charlan entre ellos, el virus de la gripe zascandilea entre ellos buscando al más propicio para alojar a sus crías, que han pedido la autodeterminación y buscan quien las mantenga. Un diputado autonómico parece ser su víctima.

Habla con otro colega.

—Chico no sé si por lo pesado de esta sesión o por lo que sea, empiezo a sentir calor, frío, como si me estuviera acatarrando.

—Pues a mí me está pasando lo mismo, esto aires de la capital no nos sientan nunca bien, allí en el norte todo es más sano.

—Calla, que el «reforzado ese» ha hecho estragos.

—Un virus raro pues.

—Y tan raro, realmente mata todo lo que pilla, hasta los otros virus, que han dejado de existir.

—Es verdad pues, ya no hay gripe, por ejemplo.

Se oye una voz interior que dice: «Te lo has creído idiota».

—No, si será como tú dices, pero yo me encuentro cada vez peor.

—Eso lo arreglamos con un chupito, vamos al bar.

—Salen juntos, mientras los virus gripales junior, se van distribuyendo por sus gargantas.

Fin del Cuadro 1º.

Cuadro 2º

Se celebra un pleno extraordinario anual del virus de la gripe. Acuden además del influenza y para influenza, el resto de los virus respiratorios. Toma la palabra Trancazo, decano de la «cofradía».

—Estamos, hermanos, en una coyuntura dramática, entre la desaparición o la batalla, y esa debe ser a muerte.

Se oye un «¡oh!» y todos los portadores carraspean con mucho esfuerzo.

—Sí, hermanos, ese payaso nuevo, con todos los apoyos mediáticos ha roto nuestras tradiciones y nuestras insanas costumbres.

—¿Insanas? Se oye una voz desde la garganta de un parlamentario.

—Sí, hermano, somos para lo humanos insanos, pero por pura necesidad de existencia, sin ellos, sin sus maravillosos epitelios faríngeos, no somos nadie, pero somos nobles, estacionales…

—¡Pero matáis! Le replica un Rinovirus alojado en una bella parlamentaria.

—A gente floja, Rinovirus, a gente muy floja, y bien caro que nos cuesta, pues recuerda que si nuestro amable huésped, casca, nosotros también, por eso somos nobles, no queremos para los demás lo que no queremos para nosotros.

—¡Pero matamos! insiste el Rinovirus.

—Ovejas negras, hermano, ovejas negras hay en todas partes, aquí mismo sin ánimo de señalar a nadie se oyen toses, muchas toses.

—Pues bien hermanos, como os decía anteriormente, ese desgraciado ha ocupado con saña y maldad nuestro puesto y nuestro destino está en riesgo. Se ha apuntado todas las defunciones, todas las calamidades, nos ha ninguneado de una forma sin precedentes en el globo terrestre.

—No sé porque te preocupas tanto Trancazo.

Se oye una voz, procedente de la garganta de un parlamentario del fondo de la Cámara.

—Hermano Sincitial, no sabes de lo que hablas.

—Perdona Trancazo, hablo con sensatez, escucha mi razonamiento.

Hay un silencio en la cámara, como si los señores parlamentarios quisieran oír el discurso del Sincitial Respiratorio.

—Te escucho, hermano.

—Pues bien se oye una tos , en cuanto mi querida hospedadora deje de toser proseguiré vuelve a toser.

—Paciencia hermano, los humanos son así, inoportunos…

—Por fin hay un silencio y la voz del Sincitial se escucha con nitidez.

—El que ese desgraciado haya usurpado nuestro bien ganado protagonismo, no deja de ser una ventaja.

—¿Ventaja? ¿para quién?

—¿Para quién va a ser? Para nosotros; seguiremos haciendo nuestro trabajo, quizá más silenciosamente, otro será siempre el culpable. Nos sacarán de los libros de medicina, solo en las ediciones más antiguas se hablará de nuestra patogenia, de nuestros huéspedes preferentes y de los tratamientos eficaces. Esos que tanto dolor han causado a nuestras especies. Solo ventajas hermano Trancazo, ¡solo ventajas!

—Visto de esa manera…

—Yo no estoy nada de acuerdo con el Sincitial.

Se oye una voz alojada en la garganta de un ujier, que lleva una semana acatarrado pero que no se quería perder el debate de esta tarde le había dicho a su mujer, que todo era teatro, pero que tiene entrada gratis y en primera fila.

—¡Explícate! Mi querido primo Adenovirus.

—El Sincitial lo ve todo color de rosa, no en vano anda enrollado, quiero decir alojado, en una bella señorita se escuchan risas gangosas.

—Déjate de frivolidades y al grano ¡primo!

—Pues si el usurpador sigue haciendo su trabajo, estos caballeros que tan amablemente nos alojan, se tomarán por una vez en la vida en serio esta situación y tarde o temprano sus potentes farmacéuticas, encontrarán remedios tan eficaces que matarán indiscriminadamente a todas nuestras especies.

Un «¡ah!» se oye retumbar en la sala. «¿Queremos una solución?».

Trancazo toma la palabra y dice muy convencido:

—¡Iremos a la huelga!

La presidenta de la Cámara da por terminada la sesión, los parlamentarios salen comentando su sesión, los virus naturalmente se dispersan con ellos. Curiosamente ninguno tose o le duele la garganta.

Fin del Cuadro 2º.

Cuadro 3º

El «remedio mágico».

Sesión urgente. Abre el debate la presidenta.

—Señores diputados, hemos encontrado el remedio mágico.

Se oyen murmullos en la sala, los virus alojados en sus gargantas sonríen complacidos.

—Tras nuestro nuevo remedio sigue hablando la presidenta , la plaga que nos ha estado asolando estos dos últimos años está a punto de desaparecer. Es un hecho y debemos felicitarnos.

Los virus siguen en sus gargantas y faringes, muy complacidos.

Pide la palabra un diputado de la oposición, en su garganta un adenovirus y toda su familia, se ponen al acecho.

—Señora presidenta, no todo es como usted dice, no todo. No debemos confiarnos, el enemigo estará al acecho «naturalmente», dice su adenovirus de compañía.

—No nos fiamos y por eso seguimos poniendo normas muy estrictas y no dejaremos de suministrar el remedio mágico que tan buenos resultados nos está dando.

Trancazo no puede más y llama a sus parientes.

—¡Escuchad! Estos humanos no saben por dónde les da el aire. Nuestro «forastero» va a tener mucho trabajo, dejaremos preparadas faringes y gargantas para su mejor alojamiento y …

—¿Qué pretendes Trancazo? replica el Rinovirus desde la misma garganta del líder de la oposición

—Muy sencillo, creen que han acabado con nosotros. Nuestra huelga ha sido su remedio mágico, debemos ponerle fin.

—¿Cuándo Trancazo? ¿Cuándo? se oyen voces desde las faringes.

—Pues ahora, debemos votar antes de que se acabe está sesión.

—De acuerdo, de acuerdo se oyen las mismas voces.

—Querido Rinovirus, tú que estás en casi todas las gargantas llevarás el recuento.

—De acuerdo Trancazo.

—Bien, votaremos a la vez que los humanos, pero naturalmente con el voto propio.

—Tengo una duda Trancazo.

—Habla Adenovirus, habla sin temor.

—Si paramos la huelga, ¿qué pasará después?

—¿Tú qué crees?

—Pues no sé, estoy confuso.

—Pues está clarísimo, si dejamos la huelga vendrá.

Se hizo un silencio en el campo de los virus, ni siquiera los parlamentarios carraspearon durante un instante.

—Pues si paramos la huelga, empezará… la enésima ola…

Fin del sainete.

PARLAMENTO ANIMAL

Cuadro 1°

Año 2069 en un país mediterráneo. Preside Heliodora, raza porcina, negra de dehesa, a su derecha Francisca, del ganado mular y a su izquierda, el burro Casimiro, un asno muy baqueteado en eso de la política.

—Tiene la palabra Perruno García del grupo Caninos al poder dice Heliodora.

—¡Con la venia de su animalia! Empiezo mi parlamento con una inquietud. ¡Sí, una inquietud!

Rumores en la sala…

—Continúe disputado Perruno.

—Continúo, animalia, sí, una gran inquietud hace un silencio.

Los halcones sobre los respaldos se mueven nerviosos. Los buitres mueven sus alas…

—Una inquietud, que debiera ser unánime en esta sala. Nuevo silencio.

Ahora son los cuadrúpedos los que patean el suelo.

—Quiere ir al grano disputado Perruno, nos tiene… inquietos risas en la sala.

—Una gran inquietud señora presidente. Vengo a proponer una nueva ley de protección del llamado antiguamente homo sapiens, hoy homo erecto.

—¡Explíquese Perruno!

—Me explico, desde un tiempo a esta parte el tratamiento incorrecto, políticamente hablando, del mundo del antiguo sapiens.

—Erecto señor disputado, hable con propiedad.

—Erecto o sapiens pero no se le está dando el trato que como especie merece…

Pateo generalizado.

Pide la palabra Luna Grasa, diputada del partido Porcino Negro.

—Tiene la palabra…

—Gracias animalia, el disputado Perruno nos ofende, ¿es que no tiene memoria? ¿Es que no recuerda nuestro San Martín? ¡Las matanzas y los jolgorios tras la matanza! El disputado Perruno o no tiene memoria o no tiene vergüenza.

—Son hechos del pasado Luna protesta Perruno . ¿Hasta cuándo la señora representante de los porcinos negros quiere seguir viviendo del cuento? Es obvio que no sufrió ninguna matanza… es obvio.

—Lo que es obvio es que no tienes vergüenza Perruno.

Perruno baja del estrado y se dirige a Luna con intenciones criminales. Dos mastines de vigilancia le cierran el paso, Perruno renuncia a la venganza, pero dice por lo bajo…

—¡Me la pagarás!

Luna le oye y contesta para que se oiga.

—Ya veremos, menos lobos que eres un dálmata.

Heliodora recupera el control de la Cámara.

—¡Silencio, silencio! Diputado Perruno, haga su propuesta.

—Propongo redactar una nueva ley de protección de ex sapiens, donde se contemplen sus derechos constitucionales y se evite su maltrato en cualquier circunstancia, incluso evitando su caza.

—¿La caza? dice Heliodora alarmada.

—Sí animalia, la caza indiscriminada y cruel de ex sapiens en medio salvaje.

Se forma un barullo en la Cámara y Heliodora da por suspendida la sesión.

—¡Se levanta la sesión!

—Buena la has liado le dice el burro Casimiro al pasar.

Perruno recoge sus papeles y sale también.

Cuadro 2º

Casa de Perruno en el campo.

—Buenos días amo le dice al entrar Norberto, el homo ex sapiens, encargado de la vigilancia desde su caseta.

—Ya veo que no le ha ido bien en la cámara.

—¿Por qué lo dices Norberto?

—Lleva mala cara amo, lo olfateó de lejos.

—Pues si supieras por qué…

—No lo sé, pero me lo imagino, vi cómo le sentó de mal, cómo el bruto del lobo Samuel trató a su guarda anoche…

—Es un lobo Norberto y de esos nunca se ha podido esperar nada…

—Pero en otro tiempo, cuando éramos sapiens, eran intocables o casi.

—Y lo siguen siendo, he pretendido una nueva ley de bienestar del ex sapiens, y…

—Pues que casi me mata la cerda Luna, de la que ya te he hablado otras veces, me ha recordado hasta San Martín.

—Amo, eso tiene gracia, mis antepasados les daban garrote y vaya si se lo daban... je, je.

—Norberto, eso fue hace casi un siglo, no viene a cuento, ni justifica el comportamiento de nuestro vecino.

—Ni justifica ningún maltrato, claro, pero en este mundo animal la venganza está a la orden del día, lo veo desde mi caseta, ya estoy acostumbrado.

—Norberto descuida, a ti jamás se te dará maltrato; comida, medico-veterinario y cama, no te van a faltar, palabra de can.

—Gracias amo.

Perruno entra en la casa.

—Hola cariño, cómo te ha ido, te olfateo que mal... Es Belinda una perra pastora, pareja reciente de Perruno.

—No te equivocas, esa ley del bienestar del homo ex sapiens me está quitando la vida.

—¿La has presentado ya?

—No, solo lo he anunciado y el pateo ha sido fenomenal, hasta los cuervos con las alas, ¡un escándalo!, ¡un escándalo!

—Tranquilízate cariño, te he preparado un caldito con unos huesos de... no te digo de qué, es sorpresa.

—No me lo digas, sabes que está prohibido.

—Bah, en este mundo animal todos los caprichos están prohibidos, mundo aburrido.

—Lo tomaré con los ojos cerrados.

—No seas ridículo perruno mío, disfrútalo y repón fuerzas pone una mirada de perra pícara.

Perruno sorbe y mastica con fruición como quien peca y de vez en cuando echa una mirada alrededor como para saber si alguien le está espiando y le cogen con las manos en la masa, en este caso en el hueso.

Tras un eructo se recuesta en un sofá al lado de Belinda.

—¿Y cuál es el mayor problema para sacar tu ley adelante? ¿No tienes al clan de los caninos detrás?

—Sí, pero en la caza del ex sapiens hay divergencias.

—¿Qué divergencias, cariño? ¿Es que no se les va a poder cazar como toda la vida?

—Pues no, Belinda, no, no se les debe dar caza, es cruel.

—Tú estás tonto Perruno, no me extraña que en el parlamento te digan de todo. La caza es un deporte y sin el ex sapiens, no hay deporte y ¿no estamos en fomentar los deportes...?

—Sí, pero este es cruel.

—Pero necesario, con la caza controlamos el número de ex sapiens, hay vedas para eso mientras se reproducen y crían. ¿No querrás que vuelvan a dominar la Tierra?

—No, eso no, qué horror, eso nunca, pero…

—No hay peros, o retiras la ley o se te acabarán los caldos, y eso otro que tú y yo sabemos

—¡Belinda!

—No Belinda, ni san Belinda, o retiras la proposición de ley…

Perruno se va a su habitación cabizbajo.

Fin del cuadro 2º.

Cuadro 3º

Perruno presenta la ley de bienestar del homo ex sapiens con tolerancia de su caza.

—Tiene la palabra por el grupo canino, Perruno García dice Heliodora.

—Con la venia de su animalia, como todos vosotros habréis leído mi proposición os ahorro su lectura, pasemos a la votación.

—Me opongo dice la representante de lobos esteparios , esa ley es un bodrio y se debe discutir.

—¡Discutamos, disputado Lobato! ¡Discutamos!

—No está claro qué podemos y qué no podemos cazar, ni cuándo ni dónde, por favor ¡aclárelo!

—Se podrá cazar fuera de la veda, reservada para la crianza en todos los lugares silvestres donde el ex sapiens sigue refugiado.

—¿Hembras y machos?

—No, se excluyen las hembras en celo, las preñadas y las crías.

—¿En celo?

—Sí, disputado Lobato, un can guía acompañará todas las batidas y será quien señales las presas.

—Vamos, que cazaremos lo que su animalia quiera, no nos convence.

—¿Qué no les convence disputado? ¿El can guía?

—Por tradición nosotros cazamos sin restricciones, todo lo cazable se caza y santas y venerables pascuas, y el erecto no va ser una excepción.

Pide la palabra el representante de los Felinos unidos.

—Con la venia, animalia.

—Hable disputado Leonardo.

Leonardo se levanta estirándose, lanza una mirada, por supuesto felina, a su alrededor y muy despacio dice:

—Disputado Perruno, su parlamento huele a vieja fidelidad al amo tirano, el erecto. Su ley restringe nuestro derecho eterno a deshacernos de ese intruso que cambió nuestras vidas y diezmó nuestra población. Extirpémosle de una vez, ¡rayos!

—Disputado Leonardo, eso que propone no es tan fácil y no tenemos ninguna vieja fidelidad. La ley propuesta es un divertimento cinegético, a la inversa, pero solo un divertimento y si se acaba con la especie, se acaba el divertimento. No buscamos ni venganza, ni resentimientos, el erecto es dócil en nuestras ciudades, y es salvaje en la selva, pero lejos de ser un peligro.

—Presidente, pido la palabra.

Es Mauricio, un zorro, habituado a la vida salvaje que solo baja a la ciudad a los plenos de la cámara.

—Tiene la palabra el representante de la Zorrería general.

—Con la venia de su animalia, yo tengo algo importante que anunciar, muy importante.

Se hace un silencio en la Cámara, Mauricio es un zorro viejo curtido en mil batallas que no suele hablar por hablar. Los Búhos le miran fijamente como solo saben hacer los búhos, pero el resto de rapaces le dedican una ración de indiferencia.

—El erecto no es pacífico, en el medio salvaje, se prepara…

—¿Se prepara para qué?

Le interrumpe Heliodora.

—Para recuperar su lugar, el dominio de nuestra tierra.

—Exageras, Mauricio exageras le contesta Perruno.

—No exagero nada, ha empezado a construir refugios de madera y creo haber visto humo.

—¿Humo? dice a coro la Cámara.

—Sí animalias, humo.

Ante el estupor de la Cámara, Mauricio propone una expedición.

El erecto sabe hacer fuego, la animalidad está otra vez pérdida. Los disputados pálidos salen de la sala.

Fin del cuadro 3º

Cuadro 4º

Resultados de la Expedición

El diputado Mauricio presenta los resultados.

—Tiene la palabra el diputado Mauricio.

—Con la venia de su animalia, no tengo buenas noticias, realmente las tengo muy malas, diría que malísimas.

—Prosiga, por favor, nos tiene en ascuas el señor diputado.

—Hace quince días salimos el diputado Lorenzo, del grupo de los lobeznos, y un servidor. Hace una pausa y bebe un sorbo de agua.

—¿Y...?

—Durante los primeros días no vimos nada anormal, los ex sapiens seguían cuidando nuestras fincas, los mastines vigilaban a dichos ex sapiens, reinaba la paz.

—¿No veo entonces el motivo de su preocupación diputado Mauricio? interrumpió Perruno García, que al no haber sido invitado a la excursión estaba con el colmillo afilado.

—No se impaciente Perruno, todo llegará.

—¿Qué llegará, diputado?

—El día dieciocho, ya en la intrincada selva comenzamos el diputado Lorenzo y yo a ver una columna de humo.

—¿Humo negro?

—Sí, presidente, negro, muy negro. El diputado Lorenzo quería volver atrás, pero en un rasgo de intrepidez, le prohibí la retirada.

—¡Muy bien diputado, muy bien! Gritos en la sala.

—Obviamente había un fuego, nos acercamos con precaución y si se estaba haciendo fuego, por el humo se sabe dónde está el fuego y así fue.

—¿Era un hecho natural? ¿O algo o alguien?

—Peor, mucho peor presidenta Heliodora, era un ex sapiens, realmente eran varios ex sapiens asilvestrados. Frotaban dos maderas sobre unas hojas hasta producir una llama, el fuego, aterrados y en inferioridad de condiciones volvimos por nuestros pasos.

—Pues no veo tu gran preocupación Mauricio, dos asilvestrados que saben hacer fuego, los cazaremos, los incluiremos en la nueva ley de protección de homínido humano, como una excepción, que diga claramente «aniquilables», y si es posible con recompensa.

—Señora presidenta, la cosa no termino así.

—¿No?

—Al día siguiente, recuperado el ánimo, el diputado Lorenzo y yo quisimos saber más, hasta dónde esos ex sapiens habían llegado. Cuando volvimos al lugar, no estaban, pero dejaron su rastro. El rastro de un ex sapiens no se despinta para un zorro como yo y así que proseguimos la marcha.

—Nos tiene en vilo diputado Mauricio interrumpió la mula Francisca desde su estrado.

—Al cuarto día de esta búsqueda, la selva se cerró de tal manera que ni un lobo como Lorenzo, ni un zorro como yo éramos capaces de encontrar un camino. Se hizo la noche y decidimos descansar. De madrugada un gran trueno nos despertó, parecía que un rayo había caído sobre nuestras cabezas, cuando las asomamos, lo que teníamos encima era una luz, era muy intensa, nos cegaba pero no estaba quieta, parecía indicar con su cola una dirección. Era una señal dijo con acierto Lorenzo , y decidimos seguirla.

—Creo que el diputado Mauricio nos está contando un cuento, sugiero señora presidenta que suspenda hasta esta tarde la sesión dijo el diputado Perruno desde su escaño.

Ante la diversidad de opiniones, felinos contra canes, porcinos contra canes y felinos, y el búho observando, Heliodora dijo secamente:

—Se hace un receso para comer.

Cinco de la tarde, la cámara hasta los topes, en el receso, discusiones y en algún caso, los bípedos, llegaron a las patas. Tras el anuncio del comienzo el «patio» empezó a tranquilizarse.

—Disputado Mauricio, suba al estrado y cuéntenos eso de la luz cegadora dijo con ironía Heliodora.

—No se burle su animalia, la cosa es más que seria. Como les decía, el disputado Lorenzo y yo decidimos seguir la luz, nos parecía una señal. Pronto encontramos un sendero en la selva, que nos llevó hasta una pradera muy fértil y allí nuestra sorpresa fue aún mayor.

—¿Mayor en qué sentido diputado?

—Enorme señora presidenta, en medio de aquel prado, pacían amigablemente un rebaño de ovejas, un ex sapiens, con un palo largo, ayudado de un viejo mastín, las vigilaba.

—¡Eso es imposible! interrumpió Perruno, esa costumbre fue erradicada hace años cuando el homínido dejó de ser sapiens.

—Pues en aquel lugar, no parece que se cumpliera esa ley, lo peor viene después. Esperamos a la noche para liberar el rebaño y someter a aquel homínido asilvestrado. Cuando acudimos al prado, no había ni homínido, ni mastín, ni ovejas.

—Esto me sigue sonando a cuento chino, querido diputado, no será que el camino tomaste alguna yerba de esas que dicen que son alucinógenas, aunque fuera por equivocación.

—No te consiento que diga eso disputado Perruno. ¡Presidente llámelo al orden!

—Haya paz y siga con el cuento, perdón, relato, diputado…

—Con la venia prosigo, la luz volvió a aparecer y decidimos seguirla, se acercaba el alba y sospechábamos que perderíamos la señal, pues cada vez estábamos más convencidos que era una señal. Superamos con facilidad unas lomas y al coronar la tercera, el rebaño, con su mastín y el ex sapiens asilvestrado al frente, seguían la estela, sobre los hombros del, iba a decir, pastor, del asilvestrado, iba una oveja recién parida, con dificultades para caminar. Queríamos saber a dónde iban, el día iba ganando a la noche y se veían por el horizonte los primeros claros.

—Diputado, déjese de poesías y díganos de una vez hacia donde se dirigían esos rebeldes; un secuestrador de ovejas, un mastín rebelde y aquí el diputado, Mauricio, un zorro, haciendo poemas, lo nunca visto. Prosiga y termine su relato o lo que sea de una vez.

—Es que señora presidenta es tan…

—Tan bello… quizá sea esa la expresión, aunque comprendo que políticamente muy incorrecta, pero fue muy bello.

—¿Qué es lo que al diputado le pareció tan bello?

—Al final del camino había una choza con cuatro tablas, un refugio miserable, y allí ante nuestro asombro, verdad Lorenzo, la luz se paró y enfocó en su interior. Dentro, entre un burro y un buey un recién nacido, probablemente un futuro sapiens. Le dije «Lorenzo, han vuelto, están otra vez aquí, porque quizá del corazón de los hombres nunca se fue».

En aquella sala se hizo el silencio, Despacio, sin hacer un ruido, cabras, elefantes y caballos fueron saliendo, Heliodora, pálida, sentada y quieta, no para de decir.

—¡Han vuelto! ¡Han vuelto!

Fin del sainete.

EL RECUERDO DEMOCRÁTICO

Cuadro 1º

Ministerio de La Verdad Democrática. Dirección General del Recuerdo Democrático. Despacho del director D. Wenceslao Pérez Pinto, conocido como «el pinto».

En la sala de espera Gervasio Fernández, escritor de novela histórica. Ha sido llamado al orden por desviación en el recuerdo democrático de la historia.

Se oye un seco:

—Pase.

Gervasio entra en el despacho.

—Con su permiso dice con timidez.

—A buenas horas, eso con nuestro permiso debería haber escrito lo que debería haber escrito.

—Decía usted.

—¡Que es usted un rebelde, un negacionista de la verdad democrática!

—Perdone, ¿a qué se refiere?

—No disimule, la historia que cuenta en sus novelas, no es la historia democrática. ¡No es democrática! ¿entiende?

—Pues no, la verdad.

—Está muy claro, la historia y sus hechos no interesan a nadie, por eso debemos presentarlos de forma más coherente con la época en que vivimos. ¡Vivimos en democracia!

—Y por eso naturalmente estoy aquí, me asombra su incoherencia.

—¡Déjese de incoherencias! Usted no es mal escritor, escriba lo que debe y tengamos la fiesta en paz.

—No es un asunto de fiestas, si no de fidelidad a unos hechos, obtenidos de horas, revisando archivos y documentos y constatando su veracidad.

—Eso son pamplinas, ahora hay otra realidad y esa realidad se basa en una nueva realidad que denominamos democrática y usted se atiene a esa realidad democrática o se atiene a las consecuencias.

—¿Qué consecuencias?

—Consecuencias muy negativas, naturalmente, muy negativas.

—¡Ah, y muy democráticas!

—No se burle, no está usted en condiciones de hacerlo.

—Ya, ya, me lo imaginaba.

—¿Por qué dice eso?

—Porque pocas personas llegan a percibir la ironía y a otras como usted les ofende. La verdad histórica o simplemente cualquier verdad que no les interese, les ofende y eso desde mi punto de vista es lo más opuesto a la democracia. ¡Buenas tardes!

Fin del Cuadro 1º.

Cuadro 2º

Despacho de Lucas López, editor, sentado junto a Gervasio.

—¿Todo eso es lo que te dijo «el pinto»?

—Sí, don Lucas.

—¡Menudo rufián! ¿Sabes cómo empezó?

—Estudió Filosofía, eso creo.

—Pues crees mal, no pasó de la cafetería de la facultad, tenía una timba hasta que la cerró el decano.

—¿La cafetería?

—No hombre, la timba, se fue con los «muebles», en este caso los naipes, a otro sitio. ¿No te lo figuras?

—Pues no.

—A Políticas.

—¿Allí hizo carrera...?

—La del galgo, corriendo de vez en cuando delante de los «grises», entre partida y partida. Luego se dedicó a la agitación y propaganda y fue ascendiendo en el escalafón, ya lo ves, director general, nada menos. Ten cuidado, es un tipo peligroso.

—¿Qué puedo hacer?

—¡No calentarle Gervasio! ¡No calentarle!

—Pues me lo pide el cuerpo, seguiré escribiendo lo que deba, aunque como dice ese gandul no como debería.

—Si escribieras como debieras a lo mejor serías famoso… no sé.

—¿Para qué quiero yo ser famoso don Lucas? No tengo vanidad, afortunadamente, y se vive mejor de incógnito y con vida privada, ¿no lo cree?

—Lo creo, pero tendrás problemas para publicar.

—¿Por las «consecuencias» de ese tipo…?

—Exacto, te pondrán en sus listas negras y presionarán a todo el que puedan, y pueden mucho para que pases al mayor de los olvidos. ¡Recuérdalo!

Entra un poeta, Venancio Rueda, se saludan.

—¿Qué te trae por aquí Venancio?

—Vengo a pedirte consejo, Lucas.

—¿Consejo? Pide, porque dinero…

—Quieren que publique unas loas.

—Pero Venancio, si eso ya no se lleva, ahora todo es más sofisticado, se envuelve la mentira con ropaje de verdad, y el afortunado truhan, aparece como salvador, no digo de la patria, porque el término no se lleva, pero un salvador del sistema.

—Me has interpretado mal, Lucas, quieren una columna o un suelto semanal, ridiculizando a los negacionistas y fachas en general, y llevando a la gente al conocimiento del camino recto.

—¿La verdad democrática? Por ejemplo.

—Eres incorregible Gervasio, ten cuidado, se dice que además de señalado estás a un paso de la rebeldía y …

—¿Que me atenga a las consecuencias?

—Eso mismo…, yo creo que voy aceptar, quiero Lucas que lo entiendas, los chicos están en edad escolar y no puedo permitirme el lujo de ser un antisistema. ¿Lo comprendéis?

—Claro Venancio, claro que lo comprendemos, pero no lo podemos compartir.

—Lo entiendo.

Sale Venancio.

Fin del Cuadro 2º.

Cuadro 3º

Ministerio de La Verdad Democrática.

Media mañana. Departamento de La Verdad Incuestionable.

Jefe de Departamento Elías Pérez.

Gervasio espera sentado a que le llamen, lleva un rato y está impaciente. Ha sido citado como «señalado» con urgencia.

Se oye un seco:

—¡Pase!

Gervasio pasa y, sin decir ni «mu», se sienta.

—¿Gervasio Rodríguez Manzano?

—Sí, señor.

—¿Sabe por qué está aquí?

—No, pero me lo figuro, he sido, creo, señalado.

—No se figure nada, ¡señalado! ¡Y muy señalado!

—Ya, ya…

—¿Cómo que ya, ya? Se burla.

—No hombre, es que me parece patético, todo el día hablando de democracia y libertad…

—¡Libertinaje! Usted confunde los términos. ¡Libertinaje disolvente!

—Eso que usted dice me suena de algo. Ya, ya me acuerdo.

—Usted no se acuerda de nada, el recuerdo, lo ponemos nosotros, es el recuerdo democrático ¿no lo entiende?

—Perfectamente… democrático…

—Lo que pasa es que usted no cree en la democracia. ¿Reconózcalo?

—Creer lo que se dice creer, creo «en Dios padre todo poderoso creador del cielo…».

—¡Es el colmo, viene a mi despacho a burlarse de mí…!

—Se confunde, he venido porque he sido señalado y de no haberlo hecho hubiera sido declarado en rebeldía… me sé sus leyes.

—¡Está usted a un paso de ese segundo señalamiento!

—Mire, una cosas son las creencias, la fe de los creyentes, musulmanes o cristianos, y otra las cosas de este mundo que se sostienen en el razonamiento, el contraste de opiniones y la libertad de expresión en todos los términos, salvo el ultraje o la difamación.

—¡Usted mismo lo reconoce! Difama nuestro sistema. ¡Nos ultraja!

—No hombre, en mis sainetes, porque a eso debe usted referirse, ni hay ultraje ni hay difamación. Hay crítica, espero que mordaz y poco más. Ustedes seguirán a lo suyo y la gente como yo no irá a la hoguera porque de momento no se lleva, mis libros quizá, pero me condenarán como a Ovidio*.

—¿Quién es? No recuerdo, en mi recuerdo democrático haber condenado al tal Ovidio, pero tomaré nota, por si se le debe poner en la lista de señalados o de rebeldes, si llegara el caso.

—No creo que llegue el caso.

—Se ha arrepentido, mejor para él, y a usted le doy la última oportunidad.

—¿Oportunidad? ¿Para qué?

—¡Para qué va a ser! Para retractase y utilizar su pluma para ensalzar nuestros logros, educar en el recuerdo

---

* Publio Ovidio Masón, poeta romano, murió en el exilio al parecer por escribir, no al gusto del poder, en este caso Cesar Augusto

democrático a las nuevas generaciones, en fin, a hacerse famoso, ganar dinero. ¿No le atrae todo eso?

—Pues no.

—Entonces y como primera medida sus libros serán ocultados, su distribución controlada o quizá prohibida, y usted vigilado como rebelde. Aténgase a las consecuencias

—Eso me suena, todos ustedes tienen un discurso único. Han resucitado el dogma, eso sí, un dogma muy democrático. Ustedes entienden la democracia como el resultado de la manipulación de sus votantes mediante todos los medios a su alcance, que son muchos y muy poderosos, y si es necesario, de la mentira pasan a la amenaza sin el menor escrúpulo. ¡Aténganse ustedes a las consecuencias!, no siempre ganan los malos, la historia, esa que no quieren contar, está llena de ejemplos,. ¡Buenos días!

Fin del Cuadro 3º.

Cuadro 4º

Despacho del editor, diez de la mañana.

—Te he mandado llamar porque he recibido una nota.

—¿Nota?

—Nada oficial, como puedes comprender, pero muy firme.

—Me lo figuro, ¿me mandan a la hoguera?

—A ti no, a tus libros.

—Me sugieren, eso sí, muy educadamente, que deje de publicarte...

—Lo hacen por mi bien, me lo imaginaba, después de la conversación de ayer. ¿Y qué vas a hacer?

—Complicado amigo, muy complicado, te seguiré publicando, pero nos harán la vida muy difícil.

—¿Más aún? ¿Cuándo has visto un libro mío exhibido en un gran almacén o una librería de las que dicen tienen prestigio? ¿Cuándo?

—Nunca, eso es verdad, nunca, tu difusión fue siempre muy difícil.

—Eso es una ventaja, más difícil me parece casi imposible.

—No te fíes, si se empeñan hacen imposibles.

—Entonces, ¿qué te preocupa?

—Tengo que salvar la editorial y contigo dentro será muy complicado.

—No es ninguna novedad, siempre para ti y para mí fue complicado.

—Quizá tengas razón, seguiremos juntos y suerte.

—No te apures, el de «Arriba» nos traerá suerte.

—Si tú lo dices…

Fin del cuadro 4º.

Fin del sainete.

Otros títulos del autor:

Las cenizas de la reina
Fecha publicación: 27/02/2012
ISBN: 978-84-15425-65-6
Páginas: 152

Los herederos de Fernando VII
Fecha publicación: 08/04/2013
ISBN: 978-84-15883-05-0
Páginas: 176

Estania 23-E.
Contado por los que lo perpetraron
Fecha publicación: 06/02/2014
ISBN: 978-84-16085-20-0
Páginas: 128

No se hizo la miel… La leyenda
de Paracuellos
Fecha publicación: 26/09/2014
ISBN: 978-84-16085-92-7
Páginas: 160

Eugenio 1930-1939
Fecha publicación: 22/03/2016
ISBN: 978-84-16596-63-8
Páginas: 302

Los viajes de Peral
Fecha publicación: 13/02/2017
ISBN: 978-84-16947-27-0
Páginas: 266

Del pasado... recuerdos
Fecha publicación: 19/10/2018
ISBN: 978-84-17659-01-1
Páginas: 132

Franco, dónde estás
El día que Pacheco se perdió
en el súper
Fecha publicación: 15/10/2019
ISBN: 978-84-15510-47-9
Páginas: 134

Del pasado... viajes, sueños
Fecha publicación: 19/11/2019
ISBN: 978-84-17659-54-7
Páginas: 126

Batet y Campins.
Dos generales y un destino
Fecha publicación: 05/08/2020
ISBN: 978-84-17659-72-1
Páginas: 376

Árbol de raíz amarga
Fecha publicación: 01/01/2021
ISBN: 978-84-17659-91-2
Páginas: 114

Quien asesinó al teniente Castillo
Fecha publicación: 08/06/2021
ISBN: 978-84-17659-97-4
Páginas: 268

Margarita se llama…
La guerra de Sidi Ifni.
Una tragedia desconocida
Fecha publicación: 22/12/2021
ISBN: 978-84-18848-47-6
Páginas: 252

Como si no hubiera pasado
Fecha publicación: 02/06/2022
ISBN: 978-84-16058-90-7
Páginas: 250

Cuentos para mayores sin reparos
Fecha publicación: 018/11/2022
ISBN: 978-84-19485-18-2
Páginas: 290

Los últimos cuarenta días
de Iván Baldomero
Fecha publicación: 11/04/2023
ISBN: 978-84-19485-45-8
Páginas: 192

El cuaderno de Emma
Fecha publicación: 1/12/2023
ISBN: 978-84-10051-13-3
Páginas: 112

Soy «facha»... ¿Y qué? Un ensayo
políticamente incorrecto
Fecha publicación: 12/12/2023
ISBN: 978-84-10051-12-6
Páginas: 100

Los yanquis, ¿esos bastardos?
Cuba en guerra (1895-1898)
El teniente de infantería José Páez
Fecha publicación: 10/04/2024
ISBN: 978-84-10051-42-3
Páginas: 284

Un día en la vida
de un negacionista
Fecha publicación: 20/11/2024
ISBN: 978-84-10051-78-2
Páginas: 174

Contemplando el día
Fecha publicación: 20/11/2024
ISBN: 978-84-10051-75-1
Páginas: 118

Mis enemigos favoritos
Fecha publicación: 25/02/2025
ISBN: 978-84-10051-97-3
Páginas: 196

Esta primera edición de
Sainetes de un mundo woke, de José María García Páez,
terminó de imprimirse
en abril de dos mil veinticinco